복 있는 사람

오직 여호와의 율법을 즐거워하여 그 율법을 주야로 묵상하는 자로다.
저는 시냇가에 심은 나무가 시절을 좇아 과실을 맺으며 그 잎사귀가 마르지 아니함 같으니
그 행사가 다 형통하리로다. (시편 1:2-3)

세례와 성찬, 성경 읽기와 기도는 그리스도인이면 당연히 아는 것들이다. 그런데도 이 책이 새롭게 다가오는 까닭은 너무나 잘 안다고 생각하는 것들이 실상은 제대로, 풍성하게 안 것이 아님을 깨우쳐 주기 때문이다. 오리게네스, 니사의 그레고리우스 등을 통해 주기도의 의미를 설명한 부분은 고부들의 저작이 "오래된 미래"일 수 있음을 뚜렷하게 보여 준 예가 된다. 기독교 신앙의 근본 의미를 알고자 하는 사람이면, 그리스도인이든 아니든 누구나 읽어도 좋을 책이다. **강영안** | 서강대학교 철학과 명예교수, 고신대학교 이사장

신학과 신앙의 대가가 사라졌다는 한탄은 로완 윌리엄스를 만날 때 사라진다. 흔히 무신론자의 대부로 불리는 리처드 도킨스 박사와의 토론에서 신을 부정하는 사람들에게도 깊은 애정과 관용으로 대처하는 모습은 그 자체로 복음일 수 있었다. 그야말로 그는 지성과 영성, 세상과 교회를 아우르는 신앙의 대가로 우뚝 선 신학자이자 교회 지도자이다. 윌리엄스는 이 짧고 간결한 책에 그리스도교 신앙의 핵심을 깊은 영성과 풍요로운 신앙 전통 속에서 길어 올린다. 현대 사회에서 그리스도교가 배척당하는 이유는 신과 인간 그리고 세계에 관한 얕은 이해 때문이며, 복음의 핵심이 던지는 도전에 우리 삶을 맡기지 않은 탓이다. 그리스도교 신앙의 힘은 복음의 성사인 세례와 성찬례로 경험하는 신앙과 세상을 넘는 신학과 실천이다. 이 책은 흔들리는 그리스도인들에게 든든한 신앙의 대들보를 제공하고, 그리스도교에 입문하는 이들에게는 신앙의 정석으로 안내한다.
김근상 | 대한성공회 의장주교, 성공회대학교 이사장

이 책은 세례, 성경, 성찬례, 기도의 의미에 대한 간결하고도 심오한 안내서이다. 기독교 신앙에 막 입문한 사람들뿐만 아니라 오랫동안 신앙생활을 해온 신자들에게 상당히 유익한 책으로, 성공회 저자들 대부분의 저작에서 엿보이는 깊이가 이 책이 가진 매력이다. 로완 윌리엄스는 초대 교회부터 축적되어 온 교회의 이해를 통시적으로 소개하며 각각의 주제가 기독교 신앙에 얼마나 중요한지를 역설한다. 성경에 대한 논의에서는, 전체 읽기, 그리스도 중심 읽기 등을 통해 택하여 읽을 것을 제안하며 성경에 대한 현대 독자들의 이해를 돕는다. 기도에 대한 교부들의 이해를 소개함으로써 기도생활의 깊은 차원을 소개한 마지막 장 또한 참으로 감동적이다. **김회권** | 숭실대학교 기독교학과 교수

로완 윌리엄스만큼 그리스도교의 본질에 관해 탁월하게 가르치는 스승도 없을 듯싶다. 깔끔하고 쉬운 이 책은 윌리엄스 최고의 면모를 보여준다. 세상을 꿰뚫어 보고, 목회자로서 온유하며, 전통에 굳게 서 있으며, 또 하나님께서 임재하시는 세상이 폭력에 휩쓸리는 현실에 단호하게 맞선다. 윌리엄스는 그리스도인의 삶을 더욱 분명하고 깊이 인식하도록 우리를 이끌어 준다.

월터 브루그만 | 컬럼비아 신학교 명예교수

간략하면서 심오하고, 감동적이면서 지성을 깨우며, 고개를 끄덕이게 하면서 주먹을 불끈 쥐게 만드는, 보화와 같은 책이다. 게다가 참 읽기도 쉽다. 그리스도인의 삶의 핵심 요소들을 다룬 이 책에서 저자는 여러 주제를 하나씩 따져 가며 어려운 문제를 일상의 평범한 언어로 풀어내, 간단하면서도 탁월한 답을 전해 준다.

앤서니 C. 티슬턴 | 노팅엄 대학교 명예교수

분량은 작지만 그리스도교 신앙의 고갱이를 집어내기에 부족함 없는 참으로 뛰어난 책이다. 이 책은 독자들을 초대하여 교회의 삶과 실천에서 구체화되는 새로운 삶으로 이끌어 준다.

M. 크레이그 반스 | 프린스턴 신학교 총장

명료하면서 놀라울 정도로 유려하다. 우리 시대의 탁월한 신학자이자 크게 존경받은 교회 지도자인 로완 윌리엄스는, 이 책에서 그리스도인의 삶의 본질 요소들을 깊이 이해하도록 독자들에게 길을 열어 준다. 심원한 신학적 통찰이 가득할 뿐만 아니라 생생하고 아름다운 데다가 현대 지성과도 어울리는, 참으로 오랜만에 보는 귀한 책이다.

마이클 진킨스 | 루이빌 장로교 신학교 총장

로완 윌리엄스는 명료하고 깊고 간결한 문체로 그리스도인이 된다는 의미를 밝혀 준다. 신앙의 핵심을 새롭고도 선명하게 풀어 보이는 이 책은 평생 동안 그리스도교 신학의 고전을 탐구하며 헌신해 온 삶의 결실이다. 책의 형태는 전통을 따라 다듬어졌고, 문장들은 그리스도인의 삶과 기도에 대한 인격적인 경험으로 가득하다.

프랜시스 영 | 버밍엄 대학교 명예교수

자유롭게 살고 독자적으로 사고해 온 나 같은 그리스도인이 로완 윌리엄스의 이 책을 평가할 자격이 있을까 싶다. 하지만 감탄하면서 매우 흥미롭게 책을 읽었다. 캔터베리 대주교를 역임했고 매우 탁월한 현대 신학자이며 굳건한 그리스도교적 신념을 따라 살아온 분의 사상을 들여다본다는 것은 큰 영예임에 틀림없다. 이 책은 교회가 설립된 이후 그리스도교의 본질 요소로 인정되어 온 것들 곧 세례, 성경, 성찬례, 기도를 다룬다. 오늘날 그리스도교의 사고와 실천이 커다란 다양성을 지니지만, 이 요소들은 신실한 그리스도인들이 신앙의 필수불가결한 요소로 인정하는 것들이다. 윌리엄스는 또한 오랜 세월 신자들의 마음을 사로잡고 때로는 강혹스럽게도 만든 몇 가지 문제들을 다룬다. 그는 복잡할 수밖에 없는 문제들을 다루지만, 그 문체는 우아하고 명쾌하다. 또 이 책은 일차적으로 그리스도인을 위해 저술되었지만, 그리스도교 신앙에 이른 사람들보다는 신앙의 진리를 찾는 구도자들에게 특히 유익하고 도움이 될 것이다.

P. D. 제임스 | 영국의 저명한 여성 소설가, 『여탐정은 환영받지 못한다』 저자

신앙을 이해하지 않고서는 신앙을 살아 낼 수 없다. 삶이 중요하다. 배우고 생각하며 이해하는 일은 그리스도의 삶에 참여하도록 우리를 안내하는 도구일 뿐이다. 그 길을 따라 적극적으로 살며 사랑하는 존재에 이르게 된다. 그리스도교는 단순하며 또 심오하다. 로완 윌리엄스는 이 두 차원을 잘 밝혀 준다. 그리고 지식으로 정련된 그리스도교의 평범한 실천들을 통해 우리는 예수가 어떤 분인지 그 심연을 헤아릴 수 있는 길로 나아가게 된다. 한마디로, 이 책은 그리스도인의 삶을 위한 지침서이다.

웬디 베케트 | 영국 노프크의 카르멜 수도원 수녀, 『웬디 수녀의 유럽 미술 산책』 저자

그리스도인이 된다는 것

Rowan Williams

Being Christian
Baptism | Bible | Eucharist | Prayer

그리스도인이 된다는 것

세례 | 성경 | 성찬례 | 기도

로완 윌리엄스 지음 | 김기철 옮김

복 있는 사람

그리스도인이 된다는 것

2015년 6월 23일 초판 1쇄 발행
2025년 4월 25일 초판 15쇄 발행

지은이 로완 윌리엄스
옮긴이 김기철
펴낸이 박종현

(주) 복 있는 사람
주소 서울특별시 마포구 연남동 246-21(성미산로23길 26-6)
전화 02-723-7183(편집), 7734(영업·마케팅)
팩스 02-723-7184
이메일 hismessage@naver.com
등록 1998년 1월 19일 제1-2280호

ISBN 979-11-7083-128-0 03230

이 도서의 국립중앙도서관 출판시도서목록(CIP)은
서지정보유통지원시스템 홈페이지(http://seoji.nl.go.kr)와 국가자료공동목록시스템(http://www.nl.go.kr/kolisnet)에서 이용하실 수 있습니다. (CIP 제어번호: 2015015711)

Being Christian
by Rowan Williams

Copyright ⓒ 2014 by Rowan Williams
Originally published in English as *Being Christian*
by SPCK, 36 Causton Street, London SW1P 4ST, United Kingdom.
All rights reserved.

This Korean translation edition ⓒ 2015 by The Blessed People Publishing Inc., Seoul, Republic of Korea.
This Korean edition is published by arrangement of SPCK through rMaeng2, Seoul, Republic of Korea.

이 한국어판의 저작권은 알맹2 에이전시를 통하여 SPCK와 독점 계약한 (주) 복 있는 사람에 있습니다. 신저작권법에 의하여 한국 내에서 보호받는 저작물이므로 무단 전재와 무단 복제를 금합니다.

차례

해설의 글 10

서문 19

1 / 세례 21

2 / 성경 45

3 / 성찬례 71

4 / 기도 95

스터디 가이드 122

추천 도서 126

해설의 글

몇 년 전 영국 국영방송 BBC의 한 다큐멘터리에서, 당시 세계 성공회의 지도자인 104번째 캔터베리 대주교 로완 윌리엄스를 약 1,000년 전 캔터베리의 대주교였던 성 안셀무스 이후 가장 탁월한 신학자이자 교회 지도자라고 소개했다. 목회와 학문을 아름답고도 균형감 있게 통합시켰던 안셀무스 옆에 나란히 선다는 것은 살아 있는 신학자라면 감당하기조차 무거운 큰 영예일 것이다. 이와 같이 로완 윌리엄스는 교파와 언어를 뛰어넘는 훌륭한 신학자이자 종교지도자로 인정받을 뿐 아니라, 예리한 필치를 지닌 문화비평가이자, 따스한 감성을 가진 시인으로 널리 알려져 있다. 간혹 언론이나 SNS 등을 통해 교회 정치가로서 그의 활동이나 신학적 사고의 단편이 국내에 소개되기는 했지만, 아직 한국의 그리스도인들에게 그 이름은 낯설다고 할 수 있다. 그런 의미에서 이 책 『그리스도인이 된다는 것』(*Being Christian*)을 통해 로완 윌리엄스가 본격적으로 소개되는 계기가 마련된 것은 오랜 기다림 끝에 얻게 되는 행복한 선물이 아닐 수 없다.

교리와 삶, 영성과 신학의 통합

로완 윌리엄스가 현재 세계 각국에서 가장 널리 읽히는 신학자 중 한 명임이 틀림없지만, 엄밀한 의미에서 그는 조직신학자가 아니라고 할 수 있다. 그의 신학은 전문가도 몇 번이나 곱씹어야 의미를 겨우 알아차릴 정도로 정교하고 복잡하다. 하지만 그는 일반인이나 심지어 아동들이 이해할 정도로 쉬우면서도 아름다운 언어로 그리스도교의 정수를 풀어낼 능력도 있음을 여러 저작을 통해 보여주고 있다. 그는 상황에 따라 필요한 글을 써 왔기 때문에, 조직신학 책을 쓴 적이 없으며 자신만의 신학방법론을 구축하지도 않았다. 그래서 기존 신학방식에 익숙한 사람의 눈에는 조직신학자로서 갖춰야 할 체계와 일관성이 그에게 부족해 보일 수도 있다. 이 때문에 비영어권 국가에서 로완 윌리엄스는 그의 지대한 업적과 신학적 탁월성에 비해 마땅히 받아야 할 주목을 받지 못하기도 했다. 하지만 이것을 로완 윌리엄스의 학문적 "결핍"이 아닌 신학적 "선택"으로 보아야 그를 바로 이해하는 첫걸음을 내딛게 된다.

로완 윌리엄스는 '신학자란 언제나 무언가의 중간에서 시작한다"는 사실을 그의 신학의 기본 전제로 삼는다.* 즉 신학자는 공동의 삶 속에 위치하고, 통용 중인 일상의 언어를 사용하며, 하나님과 관계 속에 있는 인간의 삶을 해석하는 기존 방식을 공유한다. 그런 의미에서 우리가 의식하지 못하고 있는 순간에도 신학적 작업은 공동체에 속한 사람들의 언어와 실천과 나눔 속에 언제나 현재진행 중이다.

학문으로서 신학은 다층적이고 복잡한 교회 공동체의 삶에 조직적이고 체계적인 설명을 더하려는 시도이다. 그렇기에 신학화 작업은 그 많은 공헌과 장점과 필요성에도 불구하고 일반화, 추상화, 협소화의 위험을 가진다. 사실 신학이 구성적 탄탄함과 학문적 엄밀성을 추구하다 보면, 하나님의 신비의 심오함과 인간 삶의 복잡함과 공동체의 역동성의 일부가 불가피하게 가려질 수밖에 없다. 그런 의미에서 로완 윌리엄스가 강조하는 것은 머리로 만들어 가는 일관성이 아니라 삶을 통해 형성해 가는 일관성이고, 논리적으로 오류 없이 매끈한 교리가 아니라 언제라도 회개할 줄 아는 신학이다.

특별히 로완 윌리엄스는 방법론 중심으로 움직였던 근대 신학이 이론과 실천, 신학과 영성, 교리와 목회, 학문과 기도, 예배와

---

* Rowan Williams, *On Christian Theology* (Oxford: Blackwell Publishing, 2000), vii, xiii-xv.

삶의 현장 사이의 치명적 괴리를 낳았다고 진단한다. 이들 사이에 벌어진 틈을 다시 연결하는 것을 자신의 과제로 삼은 로완 윌리엄스는 방법론을 구축하는 대신, 신학적 활동을 세 가지 유형에 따라 구분해 볼 것을 제안한다.* 우선, 신학은 **찬양**의(celebratory) 현상 곧 언어와 이미지를 통해 신비이신 하나님의 영광을 찬미하고 묘사하는 활동으로 시작한다. 다음으로, 복음은 교회 공동체에서 배타적으로 소비되는 그리스도인의 소유물이 아니다. 신학은 정치, 경제, 예술 등 다양한 영역에서도 신앙의 필요성과 적절성을 보여줄 수 있어야 한다. 로완 윌리엄스는 이를 신학의 **소통**적(communicative) 형태라 부른다. 마지막으로, 인간의 활동으로서 신학은 스스로를 절대시하거나 특정 전제를 무비판적으로 당연시할 위험을 내포하기에, 신학자는 반드시 자신과 자신이 속한 공동체를 반성적으로 돌아보아야 한다. 이것은 신학의 **비판**적(critical) 활동이다. 이렇게 신학은 찬양, 소통, 비판의 형태를 거친 후, 다시 찬양으로 돌아가는 순환적 활동을 계속하게 된다. 이 반복의 과정 중에 신학의 언어는 정제되고, 영적 깊이는 더해 가며, 인식의 지평은 넓어지고, 상상력은 풍성해지며, 윤리적 감수성은 예민해진다.

여기서 경계해야 할 것은, 특정 신학자의 작업을 위에서 제시한 범주 중 하나와 동일시하는 것이다. 물론 신학자의 개인적 능력이나 선호에 따라 특정 범주를 더 선호할 수밖에 없음을 부인하기는 힘들다. 그러나 신학의 궁극적 대상이 인간의 기대와 욕망을 거스르며 늘 낯선 이(The Stranger)의 모습으로 찾아오는 하나님이시기에, 그 신비에 적절히 반응하기 위해서는 세 가지 형태의 신학적 활동이 유기적으로 조화를 이루어야 한다. 많은 이들이 로완 윌리엄스의 책을 읽다 보면 마음이 따뜻해지고, 교회의 사회적 역할을 고민하게 되고, 신앙의 언어가 새 의미와 힘을 부여받는 것을 경험하곤 한다고 증언한다. 이것은 그의 신학이 찬양과 소통과 비판의 세 활동을 충실히 반영하고 있기 때문에 가능하다고 본다.

그리스도인의 삶을 받쳐 주는 네 기둥

로완 윌리엄스의 글에는 다른 신학자에게서는 찾아보기 힘든 독특한 아름다움이 있는데, 그것은 그가 건조하고 딱딱한 학술용어가 아닌 전례적(liturgical) 언어에 풍부한 시적 감수성을 담아 신학을 전개하기 때문이다. 특히 이 책『그리스도인이 된다는 것』은 예배의 중심이 되는 세례, 성경, 성찬례, 기도를 다루고 있다는 점에서 신학과 삶, 이론과 예배의 조화를 추구하는 그의 특성이 고스란히 드러나 있다. 영국의 캔터베리 대성당에서 고난주간 동안 일반 대중을 위해 진행되었던 공개강좌를 기초로 쓰여진 이 책은, 로완 윌리엄스가 어떻게 그리스도교 전통에서 지혜의 생수를 끌어내어 영적으로 탈진해 가는 현대인의 마른 목을 축여 주고 새

힘을 북돋아 주는지를 잘 보여준다.

『그리스도인이 된다는 것』은 세례, 성경, 성찬례, 기도라는 이전부터 많이 다루어 왔던 신학적 주제에 새로운 의미를 찾아 주는 책이다. 교회의 공동생활을 구성하는 네 가지 핵심 요소를 통해 우리는 창조, 구원, 새 창조에 이르는 하나님의 드라마에 들어오도록 초청받으며, 그 속에서 참 인간으로 잉태되고 영글어 가게 된다. 즉 세례, 성경, 성찬례, 기도는 그리스도교 공동체의 삶을 구성할 뿐만 아니라, 교회 밖 일상생활에서도 신자의 생각과 행동에 질적인 차이를 만들어 낸다. 이에 대한 로완 윌리엄스의 설명은 비할 바 없이 풍성하지만, 독자를 위해 그 핵심만 간략하게 요약해 보도록 하겠다.

세례. 우선 세례를 받는 것은 단지 죄를 씻고 공동체에 입문하는 상직적 행위로 끝나는 것이 아니다. 세례는 하나님께서 처음에 의도하신 참다운 인간성을 회복하는 과정 속으로 휘말려 들어가는 것을 의미한다. 세례를 통해 그리스도인은 인간의 곤경이라는 심연에 서게 됨으로써 이웃과 연대하게 되고, 동시에 그리스도 안에서 하나님의 사랑이라는 심연에 거하게 된다. **성경.** 오랜 교회 역사 속에서 성경을 개인이 읽고 연구하는 책으로 보게 된 것은 그리 오래되지 않았다. 오히려 성경은 본질적으로 교회가 함께 듣고 묵상하는 책이다. 성경은 그리스도인을 예수 그리스도 안에서 하나님께 귀 기울이는 공동체적 존재로 구성하며, 성령은 과거에 쓰인 이야기를 통해 지금 여기(here and now)의 우리에게 말씀하신다. **성찬례.** 성찬례는 그리스도인이 스스로를 손님, 곧 하나님께서 원하고 기뻐하고 기다리시는 존재임을 발견하게 한다. 성찬을 통해 서로 환영하고 환영받는 중에 우리는 인간됨이 주고받음, 환영과 수용의 관계성 속에서 이루어짐을 보고, 듣고, 냄새 맡고, 맛보고, 느끼게 된다. 성찬에 참여하면서 우리는 거기에 있는 모든 사람과 물질까지도 하나님께서 갈망하고 들어 쓰는 존재임을 깨닫게 되고, 이로써 하나님 눈으로 만물을 바라보게 되는 소중한 경험을 한다. **기도.** 그리스도인은 기도의 성숙을 통해 참 인간됨을 향해 자라나게 된다. 궁극적으로는 내가 기도하는 것이 아니라 예수 그리스도의 기도가 우리 안에 일어나게 하는 것이 기도 안에서 성장하는 일이다. 기도할 때 우리는 성령을 통해 그리스도의 뜻과 행위를 품게 되면서 하나님의 신적 생명에 흠뻑 적셔진다. 동시에 우리는 기도하며 이 세상의 깨진 관계를 치유하고 화해하는 그 자리에 예수 그리스도와 함께 서게 된다.

결론적으로 말하면, 그리스도인의 삶을 구성하는 핵심 요소인 세례, 성경, 성찬례, 기도는 인간이 독립적이고 자족적인 존재라는 환상으로부터 우리를 일깨워 준다. 하나님의 사랑의 심연과 상호의존적 관계망 속에서 자기를 찾게 한다. 삶의 표층에 집착하며 일희일비하던 욕망 어린 시선을 거두고, 사물들의 온전한 깊이와 온전성을 응시하게 한다. 무엇보다도 신비이신 하나님의 사랑의 심연 위에 안식하며 떠 있는 참 인간됨을 발견하게 한다. 즉 세례, 성경, 성찬례, 기도 속에서 우리는 그리스도의 손을 잡고 자아의 골방에서 나오며, 그리스도를 대면하는 가운데 하나님의 심오한 신비 앞에 놓인다. 또한 그리스도와 함께 깨어진 세상 속에서 상처받은 이웃과 연대한다. 그렇기에 세례, 성경, 성찬례, 기도는 우리가 교회에 소속되었다는 이유로 세상을 등지게 하지 않는다. 오히려 이것들은 세상 한복판에서 "그리스도인답게 되는 것"(Being Christian)을 가능하게 하는 하나님의 선물이다.

한 낯선 신학자의 초대에 응하기

이 짧은 해설을 통해 로완 윌리엄스의 사상을 소개한다는 것은 추상화와 단순화의 큰 위험을 가질 수밖에 없다. 심지어 이 책이 어떤 책인지조차 충실히 설명하기에도 이 글은 부족하고 한계가 많다. 그럼에도 무모하게도 이 글을 쓰게 된 것은, 신학자는 본인의 작업이 불완전할 수밖에 없기에 근본적으로 회개하는 존재이며 논리적 일관성보다 삶에서 일관성을 찾아야 하는 존재라는 그의 말에 위로와 희망을 발견했고, 이를 독자들과도 나눴으면 하는 소박한 바람이 있었기 때문이다. 이 책이 평이한 언어로 쓰여졌다고 하지만, 각 주제가 던져 주는 도전들은 만만치 않아 책장 한 장을 넘기는 데도 시간이 많이 걸릴 수 있다. 그럼에도 신학이란 이런 것이구나 하는 새로운 깨달음이 기다리고 있을 테니 문장 하나하나를 곱씹으며 정독해 나갔으면 한다.

최근 신앙의 공공성에 대한 논의가 한국 그리스도교에서 많이 일어나고 있다. 하지만 교회나 신학교, 출판계에 흔히 유통되는 논의가 상당 부분 세속사회에서 그리스도인의 책임성에 대한 구호와 프로그램화로 흘러가고 있지는 않은지 비판적으로 되돌아볼 시점이 되었다고도 생각한다. 달리 말하면, 교회 공동체의 삶을 구성하는 핵심 요소들이 세속사회 속에서의 실존과 어떻게 연결될지에 대한 성찰의 부족에서 올 수 있는 진부함과 빈곤함을 극복할 때가 아닌지 반성해 본다. 그런 의미에서 세례, 성경, 성찬례, 기도를 통해 자아의 골방에서 벗어나 세상의 중심에 서게 함과 동시에, 현실의 매혹에 넘어가지 않고 세상 끝에 서서 늘 새롭게 다가오시는 하나님을 만나도록 우리를 초대하는 로완 윌리엄스에게 귀를 기울이는 것은 어떨까?

김진혁 교수
횃불트리니티신학대학원대학교 조직신학

서문

'그리스도인의 삶을 이루는 핵심 요소는 무엇인가?' 이 문제를 다루면서 나는 탁월한 삶을 살았던 개인들의 면면을 들여다보는 대신, 여러분이 그리스도교 공동체의 일원임을 깨닫게 해주는 간단하고 명료한 요소들을 중점적으로 살펴보고자 합니다. 이 작은 책의 목적은 여러분이 그중에서도 가장 두드러진 네 가지, 세례와 성경, 성찬례, 기도에 대해 깊이 생각하도록 돕는 데 있습니다.

그리스도인들은 거리에 물을 붓거나 뿌리는 절차를 밟아(어떤 전통에서는 물속에 몸을 푹 잠그게 합니다) 교회의 온전한 식구가 됩니다. 그리스도인들은 성경을 읽습니다. 함께 모여 떡과 포도주를 나누면서 나사렛 예수의 죽음과 부활을 기념합니다. 그리고 기도합니다. 그리스도교의 사고와 실천은 온갖 문제를 다루는 까닭에 놀라울 정도로 방대하고 다양하지만, 자신이 그리스도인임을 인정하는 사람들에게 필연적이고 항구적인 요소로 여겨지는 것은 이 네 가지 기본 행위입니다.

이 책에서 우리는 이 네 가지 행위들이 그리스도인의 삶의 본질에 관해 말하는 것이 무엇인지, 또 이런 행위들이 이루어지는 공동체 안에서 우리가 어떤 사람으로 변화될 수 있는지에 대해 살펴볼 것입니다.

이 책에 실은 글들은 캔터베리 대성당에서 고난주간 공개강좌로 여러 차례 강연한 내용을 기초로 했습니다. 그 강연 내용을 글로 옮기고 편집하는 데 크게 수고한 조너선과 사라 구달 두 사람과, 그 원고를 출판하는 데 크고 넉넉하게 도움을 준 SPCK 출판사의 필립 로우에게 깊이 감사드립니다.

2013년 대림절, 케임브리지에서
로완 윌리엄스

1

세례

무릇 그리스도 예수와 합하여 세례를 받은 우리는 그의 죽으심과 합하여 세례를 받은 줄을 알지 못하느냐. 그러므로 우리가 그의 죽으심과 합하여 세례를 받음으로 그와 함께 장사되었나니 이는 아버지의 영광으로 말미암아 그리스도를 죽은 자 가운데서 살리심과 같이 우리로 또한 새 생명 가운데서 행하게 하려 함이라. 만일 우리가 그의 죽으심과 같은 모양으로 연합한 자가 되었으면 또한 그의 부활과 같은 모양으로 연합한 자도 되리라. | 로마서 6:3-4

먼저 세례에 대해 살펴보고자 합니다. 세례란 몸을 물속에 잠그거나 머리에 물을 부어서 사람들을 공식적으로 그리스도교 공동체 속으로 받아들이는 행위입니다.

원래 "세례"라는 말은 단순히 "물에 잠그다"라는 의미였습니다. 신약성경을 보면 이 말이 예수의 가르침과 사역에서 중요한 비중을 차지하고, 사도 바울의 서신들에서도 전반적으로 중요하게 다루어집니다. 예수께서는 자기 앞길에 놓인 고난과 죽음을 가리켜 자신이 받아야 할 "세례"라고 말씀하십니다(막 10:38). 그분은 고난과 죽음을 향해 나아가는 자신을 두고 마치 뭔가에 푹 잠기고, 뭔가에 휘말리거나 빠져드는 것처럼 말씀하십니다. 또한 자신이 감당해야 할 "세례"가 있다고 하면서, 그 일을 완수하기까지는 괴로움이 계속되고 자신의 사역도 끝나지 않을 것이라고 말씀하십니다(눅 12:50). 그래서 그리스도교 공동체에 가입하는 의례인 세례는 처음부터 예수의 고난과 죽음이라는 어둠 속으로 내려

가고, 예수께서 겪었던 현실에 "휘말린다"는 개념과 결합되었습니다. 사도 바울은 세례받는 것을 그리스도의 죽음 "속에" 참여하는 것이라고 말합니다(롬 6:3). 이를테면 우리는 그리스도인들이 성금요일을 맞거나 정기적으로 모여 떡을 떼는 성찬례를 행할 때마다 기념하는 그 신비한 사건 속으로 "빨려 들게" 됩니다.

심연 속으로

초기 그리스도교 시대에 교회가 세례를 좀 더 깊이 성찰하고 세례와 관련된 전례와 미술을 다듬기 시작하면서 다른 의미들이 더해지게 되었습니다. 예수께서 세례받는 이야기를 보면, 예수께서 요단 강 물속으로 들어가고, 다시 물 밖으로 나오자 성령이 비둘기 같은 형체로 그분께 강림하고 하늘로부터 "너는 내 아들이라"는 한 음성이 들려옵니다(눅 3:22). 이 이야기를 헤아리던 초기 그리스도인들은 여기서 곧바로 물과 성령을 언급하는 다른 이야기와의 연결점을 찾아냈습니다. 창세기를 보면, 처음 창조 때에 물의 혼돈이 있었다는 이야기가 나옵니다. 그 물의 혼돈 위로는 (히브리어를 어떻게 해석하느냐에 따라) 하나님의 영이 운행하거나 아니면 큰 바람이 불고 있었습니다(아니면 바람은 성령의 은유로 쓰인 것일 수도 있습니다).

첫째, 혼돈이 있으며, 이어서 바람으로 나타난 하나님의 영이 있고, 다음으로 굴의 혼돈에서 세상이 나옵니다. 그 다음에 하나님께서 "좋다"고 말씀하십니다. 물과 성령과 음성. 여기서 여러분은 초기 그리스도인들이 왜 세례 사건을 사도 바울이 그리스도인의 삶에 적용한 이미지, 곧 새 창조와 연계하게 되었는지 이해할 수 있습니다.

이렇게 그리스도인의 삶의 시작은 하나님의 새로운 창조 사역에서 출발합니다. 예수께서 물 밖으로 나와 성령을 받고 아버지의 음성을 들으셨던 것처럼, 새로 세례받은 그리스도인들 또한 하나님께서 "너는 내 아들이요 딸이다"라고 하시는 말씀을 들으며 예수와 연합하여 새로운 삶을 시작합니다.

특히 동방 그리스도교 전통에서 예수께서 세례받는 모습을 그린 성화(이콘)를 보면, 흔히 예수께서 목 부분까지 물에 잠기고 파도치는 물속에는 옛 세계에 속한 강의 신들이 앉아 있는 것을 보게 되는데, 이는 혼돈이 정복되고 있다는 점을 상징합니다. 이처럼 아주 이른 시기부터 세례 주위로 아주 힘 있는 상징들이 자리 잡게 되었습니다. 물과 거듭남. 예수 자신이 아들이듯이 하나님의 아들과 딸로 거듭나고, 하나님의 바람이 불어올 때 혼돈은 질서로 변하게 됩니다.

그래서 교회가 세례의 의미를 숙고하면서 세례를 참으로 인간다운 모습을 회복하는 일이라는 관점으로 보게 된 것도 놀랄 일은 아닙니다. 세례받는다는 것은 하나님께서 처음에 의도하신

> 세례받는다는 것은 하나님께서 처음에 의도하신 인간성을 회복하는 것이다.

인간성을 회복하는 것입니다. 그렇다면 하나님께서 의도하신 것은 무엇일까요? 그것은 바로 인간이 하나님을 향한 사랑과 신뢰 가운데 온전히 성숙하여 하나님의 아들딸로 불리게 되는 것입니다. 지금까지 인간은 이 본질을 무시하거나 포기하였으며 망각하고 오염시켜 왔습니다. 그런데 예수께서 그 현장으로 찾아와 인간성을 본래 있어야 할 자리로 되돌립니다. 이 말이 뜻하는 것은, 예수께서 (이를테면) "안으로부터" 인간성을 회복하려고 할 때, 혼돈 속에 있는 우리 인간 세상으로 내려와야 한다는 것입니다. 참된 인간성이 다시 태어나기 위해서는 예수께서 철저히 우리의 수준으로, 곧 모든 것이 혼란하고 무의미하여 깨어지기 쉽고 무기력한 상태에 있는 형편으로 내려와야만 합니다.

이것이 뜻하는 바는, 예수를 중심으로 창조된 새 인간성은 늘 성공을 추구하고 사물을 지배하려는 인간성이 아니라, 혼돈의 심연 속에서 하나님께 손을 뻗어 잡아 주시도록 내어 맡기는 인간성이라는 것입니다. 이것이 뜻하는 또 한 가지는, 만일 누군가가 "당신은 세례받은 사람을 어디서 만날 수 있으리라고 생각하느냐?"라고 물어 온다면, 그 대답으로 "혼돈에 빠진 이웃들 사이에서"라고 말할 수 있다는 것입니다. 이 말은 인간성이 극도로 위협당하는 자리, 인간성이 철저히 파괴되고 상처 입고 곤경에 처한 장소들 곁에서 그리스도인들을 만나리라고 기대해도 좋다는 뜻입니다. 그리스도인들을 만나려면 예수께 가까이 가면 되겠지만, 사실 그분은 고통과 혼란을 겪는 사람들 곁에서, 모든 것을 비워 가난한 사람들과 어울리는 모습으로 만나게 됩니다. 세례가 예수께서 계신 자리로 인도하는 것이라면, 세례받는다는 것은 곧 자신의 운명을 망각한 인간이 처한 혼돈과 곤경의 자리로 나아가는 일이 됩니다.

덧붙여 말하고 싶은 것이 있습니다. 세례받은 그리스도인은 자신의 삶 내부에 있는 혼돈 가까이 다가가 맞서는 사람이라고 볼 수 있습니다. 인간은 누구나 외부의 혼돈에 둘러싸여 살 뿐만 아니라 내면에서도 상당히 많은 비인간성과 무질서를 지니고 살기 때문입니다. 세례받은 그리스도인은 인간성을 위협하는 외부의 혼돈뿐만 아니라, 내부에 있는 혼돈에도 정직하게 대면하기를 두려워하지 않아야 합니다.

따라서 세례란 예수와 함께 "심연"에 서는 것을 뜻합니다. 나 자신을 포함해 모든 인간이 겪는 곤경이라는 심연뿐만 아니라, 하나님의 사랑이라는 심연 속으로 들어갑니다. 그 심연에서 성령은 인간의 삶을 하나님께서 원하시는 모습으로 다시 창조하고 새롭게 합니다.

예수의 삶과 죽음을 따라

> 세례는 우리와 나머지 모든 사람을 가르는 신분을 부여하지 않는다.

지금까지 언급한 것에서 볼 때, 세례는 우리와 나머지 모든 사람을 가르는 신분을 부여하지 않습니다. "나는 세례받았다"라고 말하는 것은 특별한 지위를 요구하는 것이 아니며, 더구나 여러분을 나머지 모든 인간과 분리해 그들 위에 서게 하는 특권을 주장하는 것도 아닙니다. 오히려 다른 사람들과 하나 되는 새로운 차원의 연대를 주장하는 것입니다. 이 말은 그리스도인으로 사는 삶이 인간의 혼돈에 영향을 받을 수 있다는(더 심하게 말해 오염될 수도 있다는) 사실을 인정하는 것입니다. 참 역설적입니다. 세례는 우리를 깨끗이 씻어 정결케 하고 새롭게 창조하는 예식입니다. 또 우리에게 해를 가하거나 평온하고 깨끗하게 살 틈을 허락하지 않을 인간 상황 한가운데로 우리를 떠밀어 넣는 예식이기도 합니다. 따라서 세례받은 사람들의 모임은 잘나고 선택받고 특권을 누리는 사람들의 단체가 아니라, 빈곤과 타락과 혼란으로 가득한 세상 한가운데 사는 삶을 기꺼이 끌어안는 사람들의 모임입니다. 다시 말해, 여러분은 요단 강 물속으로 들어가면서 기어코 물속의 엄청난 더러운 진흙을 휘젓고야 마는 사람들입니다.

　세례를 받아 예수께서 계신 자리로 이끌릴 때 우리는 그분께서 계신 곳, 인간 혼돈의 심연 속에 서기 위해 우리의 방어수단을 내려놓습니다. 이것은 또 하나님 앞에서 우리의 방어수단을 포기한다는 뜻이기도 합니다. 예수와 함께 일어나 사랑과 연대에 따르는 이 위험을 감수할 때, 우리는 성령을 향해 활짝 열리게 됩니다. 바로 이 때문에 우리는 예수와 함께 세례를 받고 물 위로 올라오면서 예수께서 들었던 "너는 내 아들이요 딸이다. 네게는 나를 아버지라 부를 권리가 있다"라는 그 음성을 듣게 됩니다. 사도 바울에 따르면, 성령은 언제나 우리에게 하나님을 아버지라 부르고 예수의 기도로 기도할 수 있는 권세를 줍니다(갈 4:6). 세례받은 사람들은 예수와 함께 위험과 어둠 속으로 들어가면서 위를 향해 자신을 활짝 여는 사람들이며, 그래서 성령을 받아 하나님을 아버지라 부를 수 있게 된 사람들입니다.

　이 외에 여러분은 세례받은 사람에게서 또 무엇을 볼 수 있으리라고 기대합니까? 인간 곤경을 향한 개방성에 더해 성령을 향한 개방성을 보게 됩니다. 세례받은 사람들의 삶에서는 아버지께서 성령 안에서 예수를 용납하신 일이 거듭 재연되며 새롭게 일어납니다. 세례받은 사람은 인간의 고난과 혼란 한가운데로 발을 내디딜 뿐만 아니라, 아버지와 아들과 성령이 누리는 사랑과 기쁨 한가운데로 나아갑니다. 이것은 분명 그리스도인이 되는 데 따르는 가장 놀라운 신비 가운데 하나입니다. 우리는 완전히 상반되는 두 가지 일 한가운데 섭니다. 하나님의 마음, 곧 아버지와 아들과 성령의 황홀한 기쁨 한가운데 서며, 또 위험과 고난, 죄, 고통으로 가득한 세상 한가운데 섭니다. 예수께서는 이 두 가지 현실 속에서 올바른 자리를 선택하셨으며, 그런 까닭에 그 자리는 우리가 선택하는 자리가 됩니다. "나 있는 곳에 나를 섬기는 자도 거기 있으리니"라고 예수께서 말씀하십니다(요 12:26).

세례받은 사람의 기도는 그곳에서 시작되어 언제나 그 심연 속에서 움직입니다. 다시 말해, 우리가 실제로 파악할 수 있는 것보다 훨씬 더 깊은 장소에서 솟아오르는 기도입니다. 이에 대해 사도 바울은 로마서에서 이렇게 말합니다. "성령도 우리의 연약함을 도우시나니……오직 성령이 말할 수 없는 탄식으로 우리를 위하여 친히 간구하시느니라"(롬 8:26). 세례받은 사람의 기도는 겉에서만 시끄럽게 "떠들어 대는" 말이 결코 아닙니다. 그 기도는 우리의 정신이나 감정으로도 꿰뚫고 들어갈 수 없는 깊은 곳에서 나옵니다. 세례받은 사람들의 공동체 안에서 기도는 하나님의 생명이라는 심연에서 솟아오릅니다. 다른 은유로 표현하면, 우리는 우리 자신보다 더 깊은 곳의 물결, 곧 하나님의 심연과 이 세상의 심연에서 솟구쳐 오르는 물결에 휩쓸려 가는 것이라고 말할 수 있습니다.

세례받은 사람의 기도는 예수의 기도를 향해 자라 가는 기도이며, 그렇기에 흔히 힘겹고 신비로운 기도입니다. 늘 기쁨 넘치거나 명료한 것도 아니고, 또 언제나 응답될 것처럼 느껴지는 것도 아닙니다. 그리스도인들은 자신이 구하는 것을 순진한 의미에서 손에 넣을 수 있으리라는 기대감을 품고 기도하지 않습니다. 여러분도 그런 자세를 따라서는 안 된다고 생각해 왔을 것입니다. 오히려 그리스도인들은 **마땅히** 기도해야 하기에 기도하며, 그들 속에서 성령이 끓어오르기 때문에 기도합니다. 달리 표현해 기도는 재채기와 상당히 흡사합니다. 하지 않고서는 배길 수 없는 순간이 있습니다. 성령이 솟구치며 아버지 하나님을 향해 끓어오릅니다. 그런데 바로 이 때문에, 게다가 여러분 스스로 할 수 있는 일이 아무것도 없는 까닭에 캄캄하고 무기력하며 형언하기 어렵고 곤혹스럽다고 느낄 수밖에 없는 순간들이 있게 마련입니다.

위와 같은 이유 때문에, 영적 생활을 글로 기록한 수많은 위대한 그리스도교 저술가들은 기도란 마음의 평안을 이루는 일과는 무관하다는 점을 강조해 왔습니다. 기도란 결과와 관련된 것도 아니고 자기 자신의 만족을 채우는 일과도 관계가 없습니다. 기도는 여러분이 예수 곁에 설 때 하나님께서 여러분 **안에서** 하시는 일입니다. 그런데 이 말은 세례받은 사람이 걷는 길은 위험한 길이라는 뜻이기도 합니다. 정말이지 세례에 몇 가지 위험 경고문을 달아 놓아야 할 형편입니다. 이를테면 "만일 당신이 이 과정을 밟아 심연 속으로 뛰어든다면 모든 게 바뀔 터이고, 신명 나고, 생명이 솟고, 극도로 위험한 상황에 맞닥뜨리게 될 것이다"라고 말입니다. 세례를 받아 예수께 속하는 일은 세상이 제시하는 것 같은 안전한 장소에 자리 잡는 것이 아닙니다. 예수의 첫 제자들은 복음서들 속에서 그 사실을 배웠으며, 지금도 그분을 따르는 제자들은 계속해서 그 사실을 깨닫고 있습니다.

내가 캔터베리 대주교로 지내며 누린 특권 가운데 하나는, 여러 지역을 방문하여 사람들이 위험을 두려워 않고 예수를 가까이 따르는 모습을 자세히 살펴본 일입니다. 그런 곳에서 예수를 증언하는 것은 여러 가지 위험에 노출된다는 것을 의미했습니다. 여러분도 짐바브웨와 수단, 시리아, 파키스탄과 같은 곳에서 사람들이 큰 위험을 무릅쓰고 예수를 가까이 따르는 모습을 본다면 그리스도교적 삶에 대한 헌신, 곧 세례가 상징적으로 그려 보이는 헌신이 어떤 의미인지 이해할 수 있을 것입니다. 그런데 관상의 길을 걷고 그 길을 따라 내면의 깊은 광야와 고독과 불확실성 속으로 뛰어들었던 위대한 성도들의 삶을 살펴볼 때도 역시 그러한 헌신의 의미를 이해할 수 있습니다(캘커타의 마더 테레사가 일기에다 실제로 아무런 "영적" 위안도 얻지 못하고 오로지 고립과 어둠만 느끼며 지낸 수년 동안에 관해 기록한 것을 생각해 보십시오). 이 모든 일은 하나님의 심장으로부터 와서 우리 존재 중심에서 뜨겁게 타오르는 성령의 생명에서 비롯된 것입니다. 우리 앞서 살았던 성도들처럼 우리도 위험한 길을 걷습니다. 하지만 이 길은 생명으로 가는 길이기도 합니다.

이 길은 위험하면서도 또 신자인 내게 생명을 줍니다. 하지만 내게만 주는 것은 아닙니다. 세례와

> 앞서 살았던 성도들처럼 우리도 위험한 길을 걷는다. 하지만 이 길은 생명으로 가는 길이기도 하다.

관련한 또 다른 큰 진리는, 세례가 여러분을 이끌어 아버지 하나님 가까이에 세우고 혼란과 고난 가득한 인간 세상 가까이 다가가게 할 뿐만 아니라, 우리처럼 그곳으로 초청받은 다른 모든 사람들 곁에 나란히 서게 한다는 점입니다. 세례는 여러분을 다른 그리스도인들의 이웃이 되도록 이끕니다. 그리고 다른 그리스도인들의 이웃이 되는 것 외에 우리가 그리스도인이 될 수 있는 다른 길은 없습니다. 이것이 많은 사람들에게 난감한 일일 터인데, 다른 그리스도인이라는 게 그리 만만한 문제가 아닌 까닭입니다. 어쨌든 그것은 신약성경이 우리에게 단호하게 명령하는 일입니다. 예수를 따르는 일은 고난당하고 아파하는 사람들 곁에 서는 일이요, 또 예수를 따르도록 초청받은 다른 사람들과 함께하는 것입니다. 신약성경에 따르면, 그 일은 종종 우리를 당황케 하고 힘

들게 하지만 또한 선물이기도 합니다.

그것이 선물인 까닭은, 세례받은 사람들의 공동체 안에서 우리는 다른 사람의 기도와 사랑으로부터 생명을 공급받으며 우리도 다른 사람에게 필요한 기도와 사랑을 나누어 주기 때문입니다. 우리는 주고받음의 거대한 관계망에 속한 셈입니다. 우리가 세례를 통해 이루는 연대, 고난을 끌어안는 연대는 또 서로와 하나 되는 연대이기도 합니다. 이것을 가리켜 몇몇 그리스도교 사상가들은 좀 어려운 용어로 "상호내재(co-inherence)"라고 불렀습니다. 우리는 서로에게 "결속되며", 우리의 삶은 서로 얽히게 됩니다. 그리스도인 한 사람에게 영향을 끼치는 일은 모든 그리스도인들에게 퍼지며, 전체에 영향을 주는 것은 개개인에게도 이릅니다.

> 우리는 서로에게 "결속되며", 우리의 삶은 서로 얽히게 된다.

그러나 개인으로나 개체 그리스도교 집단과 교파로서나 우리는 그러한 연대를 인정하고 받아들이기가 어렵다고 느낄 때가 많습니다. 그것을 선물로 받아들이기가 쉽지 않습니다. 하지만 선물이란 원래 그런 것입니다. 이 말의 의미는, 세례받은 삶에 깃든 어둠이 결코 나 혼자만의 문제가 아니라는 것입니다. 어둠은 공유됩니다. 그 어둠이 어떻게 공유되는지는 간파하기 어려운 신비이지만, 적어도 세례받은 그리스도인들이라면 어떤 식으로든 그러한 공유가 작동한다는 사실을 압니다.

이처럼 세례는 잊어버렸거나 억눌려 있던 인간 정체성을 되찾게 해줍니다. 세례는 우리를 예수께서 계신 자리로 이끕니다. 그래서 세례는 우리를 어둡고 타락한 세상 속으로 가까이 다가가게 하며, 또 그곳으로 초청받은 다른 사람들 곁에 가까이 서도록 이끕니다. 세례받은 삶은 궁핍한 사람과 연대하고 다른 모든 신앙인들과 함께하는 것을 특징으로 합니다. 또 현실이 어렵고 불확실하며 보상이 없을지라도 용기 있게 밀고 나가는 견고한 기도를 특징으로 합니다. 기도는 내 힘으로도 어찌지 못하는 충동인 까닭입니다. 우리 안에서는 뭔가가 계속 솟구쳐 움직이며, 그럴 때 결과 따위에는 신경 쓰지 않습니다.

예언자와 제사장과 왕

세례받은 사람의 정체성 곧 새로운 인간성이 뜻하는 것이 무엇인지, 예수의 정체성을 설명하는 데 사용된 세 가지 호칭을 헤아려 좀 더 자세히 살펴보겠습니다. 오랜 세월 교회는 예수를 예언자와 제사장과 왕이라는 세 가지 정체성을 구현하도록 하나님께 기름부음받은 분으로 생각해 왔습니다. 세례받은 사람은 자신과 예수를 동일시하여 이 세 가지 인간됨의 방식을 따라 자기 고유의 인간됨을 밝히고 구현합니다. 우리가 예수의 삶과 인간됨을 따라 자라 갈 때, 이 세 가지 방식도 역시 우리의 특성으로 자리 잡게 됩니다. 세례받은 사람은 예언과 제사장직과 왕권의 삶을 삽니다. 이런 극적인 용어로 자신의 역할을 생각한 적이 없는 사람들에게 그 의미를 어떻게 설명할 수 있을까요?

먼저 예언자의 역할에 관해 생각해 보겠습니다. 구약성경에서 예언자들이 하는 일은 무엇입니까? 물론 그들은 그저 미래를 예지하는 것 이상의 일을 합니다. 훨씬 더 중요한 것으로, 예언자들은 이스라엘 백성을 그들 본래의 고유한 진리와 정체성 가운데로 되돌리고자 힘쓰며 말합니다. 그들은 공동체를 온전하게 하기 위해, 그리고 공동체가 마땅히 따라야 할 그분께 충성을 다하도록 하기 위해 일하며 외칩니다. 이사야와 예레미야, 아모스, 호세아는 계속해서 이스라엘 백성에게 이렇게 선포합니다. "너희가 누구인지 기억하지 못하느냐? 하나님께서 너희를 무엇이 되라고 부르셨는지 모르느냐? 너희는 여기 온갖 불평등과 불의와 타락으로 가득한 네 사회 속에 평안히 앉아 있구나. 너희가 무엇을 위해 여기에 있는지 정말 잊었느냐?"

그러므로 예언자는 공동체가 부름받은 본래의 모습이 되도록 늘 도전하는 임무를 맡은 사람입니다. 하나님께서 공동체에게 주신 선물을 잘 가꾸게 하는 것입니다. 그래서 세례받은 사람은 예수 그리스도의 예언자적 직무를 본받아 비판적이어야 하며, 의문을 제기하는 사람이어야 합니다. 세례받은 사람은 교회를 돌아보면서 주저하지 않고 "여러분은 무엇 때문에 여기에 있는지 잊었습니까? 하나님께서 여러분에게 주신 선물을 잊었습니까?"라고 물을 수 있어야 합니다.

그런데 우리가 교회에서 맡아야 하는 껄끄러운 역할 하나가 바로 **서로를 향해** 예언자가 되는 것입니다. 즉 우리가 여기에 존재하는 목적을 **서로에게** 상기시키는 일입니다. 이렇게 말한다고 해서 모두가 다른 그리스도인의 주위를 맴돌면서 잔소리를 해대야 한다는 뜻은 아닙니다(그런 일을 즐기는 사람들도 있기는 합니다). 내 말의 의도는 그리스도인의 온전한 삶이 어떤 모습인지를 서로에게 다양한 방식으로 보여주는 데 주저하지 말아야 한다는 것입니다. 덧붙이자면, 가끔씩 서로 의식을 환기시키면서 "당신은 무엇을 보십니까? 당신의 비전은 무엇입니까? 당신은 어떤 일에 책임을 느낍니까?"라고 말해야 한다는 것입니다. 그리고 서로를 부드럽게 감싸 안아 하나님 앞에서 책임을 다할 수 있도록 이끌어 주는 일은 잔소리를 해대거나 날 세워 비판하는 일과는 다릅니다. 더 자세히 말해, 은근하면서도 꾸준하게 서로를 일깨워서 가장 중요한 것을 향해 나아가도록 하는 것입니다. 우리는 예배하고자 모일 때마다 말없이 그 일을 행합니다. 또 사사로이 만날 때에도 원칙적으로 그 일을 행합니다. 가능한 모든 방법을 사용해 그 일을 행합니다. 그처럼 "처음으로 돌아가자. 모든 것의 원천으로 돌아가자. 하나님께서 처음 말씀하신 것에 다시 귀 기울이자"라고 외치는 비판적 목소리를 교회는 언제나 귀 기울여 들을 필요가 있습니다. 따라서 예언자인 우리는 가장 중요한 일, 곧 세례와 성경, 성찬례, 기도로 되돌아가도록 서로 이끌어 줍니다.

그런데 예언자들인 우리가 이처럼 서로에게 질문을 제기하는 불편한 소명을 은사로 받은 것이라면, 우리가 속한 더 넓은 사회들에 대해서는 어떻게 해야 할까요? 사람들은 막연하게 교회의 성격을 "예언자적"이라고 말하고, 또 흔히 교회의 예언자적 역할이란 그저 그 시대의 모든 쟁점들에 대해 큰소리를 내고 분명한 태도를 취하는 일인 것처럼 말합니다. 하지만 교회의 예언자적 역할이란 우리 사회와 관련해 매우 중요한데도 쉽게 간과되는 물음들을 교회가 제기하고 물어야 한다는 훨씬 더 깊은 성격을 지닙니다. 즉 "그 일은 무엇을 위한 것인가? 그 일을 왜 우리가 당연하게 여겨야 하는가? 그것은 우리를 어디로 이끌어 가는가?"라고 묻는 것입니다. 교회 안에서 우리는 당연히 서로에게 그렇게 묻지만, 내 생각으로는 우리가 속한 인간 환경 전체에 대해서도 그렇게 물어야 합니다. 인간 환경이 건강을 유지하고 살아남기 위해서는 그러한 문제 제기가 필요합니다.

제사장의 역할은 무엇일까요? 다시 성경을 살펴보겠습니다. 구약성경에서 제사장은 하나님과 인간을 사람들에게 해석해 주는 사람입니다. 제사장은 무너져 버린 하나님과 인간의 관계에 다리를 놓는 사람이며, 손상된 관계를 하나님께 희생제물을 바치는 가운데 다시 일으켜 세우는 사람입니다. 이런 연결이라는 면에서 예수의 제사장 역할에 대해서는 굳이 설명할 필요가 없을 것입니다. 하지만 세례를 받아 예수의 제사장직에 참여하게 된 사람들에게는 그리스도와 성령의 권능을 의지해 하나님과 세상의 깨진 관계를 치유하는 소명이 주어진다는 사실을 알 필요가 있습니다. 세례받은 사람인 우리는 다리를 놓는 일에 참여합니다. 다시 말해 우리는 분열되고 상처 입고 무질서한 상황들을 간파하고, 예수 그리스도와 성령

> 세례받은 사람인 우리는 다리를 놓는 일에 참여한다.

안에 있는 하나님의 능력을 그런 상황 속으로 끌어들여 현실을 다시 일으켜 세우는 일을 합니다. 우리는 구약성경에서 말하는 희생제물을 드리지 않지만, 그 대신 만물을 회복한 예수의 실재를 하나님 앞에 드립니다. 우리는 바로 그러한 회복이 여기, 바로 우리가 있는 이곳에 나타나기를 예수 안에서 기도합니다. 또 우리는 다리를 놓는 그 과정에 참여하여 있는 힘을 다해 섬기고 헌신합니다.

다음으로 "왕의 직분"이라는 은사는 어떠할까요? 고대 이스라엘에서 왕은 다른 사람을 대신하여 하나님께 말하는 사람이었습니다. 왕 자신이 제사장의 역할을 하였습니다. 그러나 왕은 자기 사회의 법과 정의를 세우는 자유를 지녔습니다. 그는 백성들로 하여금 하나님 언약의 요구들을 따르게 하고 또 정의를 현실화할 수 있었습니다(반대로 철저하게 실패할 수도 있었습니다). 예레미야서에서 우리는 놀랍게도 가난한 사람을 돌보고 곤경에 처한 사람을 보살피는 일을 기준으로 삼아 "하나님을 아는" 왕을 규정하는 것을 보게 됩니다(렘 22:16). 따라서 우리에게 주어진 "왕"의 소명은 하나님의 정의에 맞추어 우리의 삶과 인간 환경을 가꾸는 일에 기꺼이 참여하고, 나아가 세상에 참여하며 그 안에서 맺는 우리의 관계를 통해 하나님의 자유, 곧 은혜롭게 치유하시고 회복하시는 하나님의 자유를 증언하는 일입니다.

그러므로 세례받은 삶이란, 우리에게 서로를 향해 그리고 세상을 향해 불편하지만 꼭 필요한 질문을 제기할 수 있는 용기와 지혜를 제공해 주는 삶입니다. 또 화해를 이루고 다리를 놓고 깨진 관계를 복원하기 위해 애쓰는 삶입니다. 세례받은 삶은 정의와 자유를 추구하는 삶이요, 그 자유로 인간 사회의 삶을 하나님의 지혜와 질서와 정의가 반영된 곳으로 만들기 위해 힘을 합쳐 일하는 삶입니다.

위에서 살펴본 세례받은 삶의 세 요소들은 각각 나머지 다른 요소들을 필요로 합니다. 만일 우리가 받은 소명이 예언자가 되는 것이 전부라면, 우리는 서로에 대해 그리고 세상에 대해 언제나 신랄하게 반대 의견이나 쏟아 내는 사람이 될 우려가 있습니다. 그리스도교 역사를 돌아보거나 오늘날의 그리스도교 풍토를 보아도 그런 사람들이 차고 넘칩니다. 또 우리가 제사장으로만 부름받았다면, 난감한 문제는 전혀 묻지 않고 서둘러 화해를 이루는 쪽으로 건너뛰는 잘못을 저지를 수 있습니다. 이야기 중간의 난해한 장면들은 외면한 채 서둘러 결론으로 넘어가는 셈이 됩니다. 또 우리가 다루어야 할 것이 왕의 자유와 정의뿐이라면, 우리는 항상 통제와 문제 해결의 수준에서만 생각하는 위험에 처하게 될 것입니다. 그러나 예수에게서 이 세 가지 요소가 삶에서처럼 사역과 말씀과 죽음에서도 떼려야 뗄 수 없을 정도로 결합되었듯이, 우리에게도 이것들은 동일한 삶의 세 측면이지 결코 별개로 분리될 소명의 단편들이 아닙니다.

그러나 여전히 죄인인 우리

그리스도교 역사에서는 세례 문제를 놓고 많은 논쟁이 벌어졌습니다. 초대 교회 때는 세례를 받은 후에 죄를 짓는 것이 가능한지의 문제를 놓고 다투었습니다. 사람이 새로운 피조물로 거듭나면 옛 세상은 더 이상 존재하지 않게 된다고 보는 생각이 큰 시험거리가 되었습니다. 사도 바울도 이 문제를 경험했지만 오히려 그는 옛 세상은 참 억세서 결코 사라지지 않는다는 점과, 옛 사람은 제 운명을 잊고 자기 본성을 망각한 채 끈질기게 살아남는다는 사실을 분명하게 밝혔습니다.

그러니 여러분이 세례를 받고서도 여전히 죄를 짓는다 해도 당황하지 마십시오! 하나님의 깊은 사랑이 언제나 여러분을 감싸고 있음을 기억하십시오. 또 여러분이 세례를 받은 사람으로서 죄를 짓는다 해도 그 즉시로 하나님 사랑의 심연 밖으로 밀려나는 것은 아닙니다(물론 여러분이 단단히 마음먹고 그런 죄를 지은 경우는 다릅니다). 죄를 짓는다는 것은 이를테면 여러분을 에워싼 심연을 고의로 모르는 체하고, 또 곤경에 처한 세상의 현실을 덮어 버리며 하나님의 사랑이 온전히 드러나는 것을 방해하는 것입니다. 그래서 여러분이 해야 할 일은 그런 장막들을 다시 거둬 내는 것입니다. 그리고 여러분이 회개의 기도에 힘쓸 때, 세례를 통해 열리는 그 심연이 다시 여러분의 내면과 주위에서 솟구치는 것을 보게 될 것입니다.

이렇게 해서 우리는 처음 출발했던 곳에 다시 섭니다. 인간의 죄와 무질서라는 혼돈이 있고, 그 위로 성령의 바람이 불고, 하나님의 사랑에 이끌려 물속에 잠겼다가 다시 찬란한 빛 속으로 올라서며, 하늘에서 들려오는 "이는 내 아들이라"는 음성을 듣습니다. 세례받은 사람들의 공동체는 이러한 신비 속에서 삽니다. 혼돈에서 끌어 올려지고, 성령의 바람 안에서 숨쉬며, 하나님께서 그분의 외아들에게 하신 말씀, "너는 나를 아버지라 불러도 된다"는 말씀을 듣습니다.

2
성경

모든 성경은 하나님의 감동으로 된 것으로 교훈과 책망과 바르게 함과 의로 교육하기에 유익하니 이는 하나님의 사람으로 온전하게 하며 모든 선한 일을 행할 능력을 갖추게 하려 함이라.

| 디모데후서 3:16-17

이번 장에서는 세례받은 사람을 쉽사리 알아보기 해주는 활동에 대해 살펴보고자 합니다. 그리스도교 신앙인 특유의 활동 가운데 하나는 성경 읽기입니다. 좀 더 정확히 말해, 그리스도인들은 성경이 낭독되는 것을 귀 기울여 듣는 사람이라고 말할 수 있습니다. 종교개혁의 후손이자 문자문화에 속한 우리는 성경이 오늘날뿐만 아니라 오랜 세월을 이어 오면서 대다수 그리스도인들에게 읽는 책이라기보다는 듣는 책이었다는 사실을 특히 기억할 필요가 있습니다. 이 사실은 성경과 관련해 아주 중요한 의미를 지닙니다. 공중예배에서 세례받은 사람들이 함께 모여 성경을 듣고 있는 것을 여러분이 본다면, **그리스도인의 삶은 귀 기울여 듣는 삶**이요 그렇기에 성경 읽기는 그리스도인의 삶에서 핵심 부분이라는 점을 실감하게 됩니다. 그리스도인은 하나님께서 말씀하시기를 기대하는 사람들입니다. 이것이 이번 장에서 탐구하려는 중심 주제입니다.

> 그리스도인은 하나님께서 말씀하시기를 기대하는 사람들이다.

세례받은 그리스도인은 하나님께 아뢰는 일뿐만 아니라 하나님께서 하시는 말씀 듣기를 즐겨 하는 사람입니다. 정말이지 말할 수 있기 위해서는 들어야 합니다. 그리스도인은 하나님을 향해 귀를 기울이며, 또 다른 신자들과 어울려 그리스도교 공동체가 시작된 때부터 하나님의 목소리를 담고 있는 것으로 여겨 온 성경 본문들에 귀를 엽니다. 우리가 성경 읽기를 생각할 때 떠올리는 그림은 두툼한 성경책을 들고 방안에 홀로 앉아 있는 사람의 모습이 여전히 큰 비중을 차지할 듯싶습니다. 하지만 이것은 매우 현대적인 모습의 성경 이해이며 또 소수의 생각일 뿐입니다. 초기 그리스도교 시절에는 교회들 대부분이 완전한 본문을 갖춘 성경책을 소유할 형편이 전혀 아니었습니다.

고대 세계에서 사본을 베끼는 데 큰 비용이 들었다는 점을 고려하고 온전한 성경을 갖추기 위해 베껴야 했던 사본의 수를 생각한다면, 왜 고대 세계에 오늘날처럼 성경이 충분하지 못했는지 납득이 됩니다. 당시 사람들은 성경을 **암기했으며**, 그것을 서로 암송하여 나누었습니다. 그리고 기억을 더듬어 성경의 여러 부분을 베꼈습니다. 이 사실은 왜 초기 그리스도교 문헌들에 인용된 성경 본문에 작은 오류들이 그렇게 많았는지 설명해 줍니다. 그때라고 해서 사람들의 기억력이 완전한 것은 아니었기 때문입니다. 그들은 주일예배 독서용으로 성경 본문을 모아 편집했습니다. 그러면 전권 성경은 있었을까요? 아주 큰 교회들에나 있었고 개별 그리스도인들의 주머니에서는 찾아보기 힘들었을 것입니다 수십 권에 이르는 두루마리를 주머니에 우겨 넣는 일은 결코 쉽지 않았을 것입니다.

이렇게 말한다고 해서 그리스도인들이 누구나 주머니에 성경을 지녀 친숙해지는 일의 중요성을 부정하는 것은 아닙니다. 내가 말하려는 것은, 우리가 흔히 성경 읽기와 관련해 중요하고 핵심적인 것으로 여기는 이 일이 과거 오랫동안 세계 수많은 그리스도인들에게는 엄두도 내지 못했던 일이었다는 점입니다. 또 지금도 우리 이웃에 살고 있는 많은 그리스도인들에게 여전히 그 일은 꿈만 같은 일입니다. 형편이 어려워 서점을 찾아 성경을 구입하기 힘든 가난한 교회들에서 성경이 얼마나 소중하게 여겨지는지를 생각하면 참으로 가슴이 뭉클해집니다. 몇 년 전, 내가 사역했던 웨일스 교구에서는 그 교구에 속한 교회들이 북우간다에 있는 랑고 교구의 교회들에 성경을 지원하는 사순절 사업을 펼쳤습니다. 여러분이 예상하는 대로, 그 반응은 매우 감동적이고 뜨거웠습니다.

하나님 음성 듣기

그리스도인들은 성경을 하나님의 말씀을 듣게 되는 자리라고 생각합니다. 교회에서 성경에 대해 이렇게 가르치며, 또 성경 자체에서도 하나님께서 우리에게 말씀하시는 것을 성경이 전해 준다고 주장합니다. 그런데 이 주장은 그렇게 간단하게 생각할 문제가 아닙니다. 성경을 들고 아무 데나 펼쳐 보십시오. 맨 처음 여러분의 눈에 들어오는 본문이 어법상의 표면적 의미 그대로 여러분에게 주시는 하나님의 말씀이라고 보기는 쉽지 않습니다. 여러분이 펼친 곳이 시편일 수도 있습니다. 그것은 인간이 하나님께 아뢴 말을 기록한 본문입니다. 역사를 담고 있는 본문을 펼칠 수도 있습니다. 아니면 성경 안에 여기저기 버티고 있는 악명 높고 골치 아픈 족보 하나와 마주쳐서, "에녹이 이랏을 낳고 이랏은 므후야엘을 낳고 므후야엘은 므드사엘을 낳고……"(창 4:18)라는 구절을 통해 하나님께서 여러분에게 말씀하시려는 것이 도대체 무엇이냐는 문제로 고민해야 할 수도 있습니다. 예수께서 제자들을 책망하고 훈계하시는 말씀을 만날 수도 있습니다. 또 사도 바울의 서신에 나오는 난해한 논증을 만날 수도 있습니다. 결국 여러분은 성경이라는 것이 "하나님께서 말씀하시길"이라는 말로 시작되는 명령들을 하나로 묶어 낸 책이 아니라는 사실을 어렵지 않게 깨닫게 됩니다.

　어법상의 표면적 의미 그대로 청중에게 직접 말을 거는 본문은 그리 많지 않습니다. 그러면 어떻게 이해해야 할까요? 여러 종류의 책을 모아 놓은 총서로, 그 안에는 율법 규정, 잠언, 찬송가, 시가(연애시를 포함해), 연대기, 서신, 사회를 비판하는 논쟁적 문헌, 환상의 기록 등이 들어 있습니다. 성경의 다양한 성격은, 예를 들어 셰익스피어의 소네트와 1910년 판례집, 칸트의 『순수이성비판』(Critique of Pure Reason) 입문, 안셀무스의 편지들, 『캔터베리 이야기』(The Canterbury Tales) 등을 한 권으로 묶어 낸 것만큼이나 방대합니다. **한 권 안에 다 들어 있습니다.** 또 성경에 실린 책들이 다루는 시대의 폭이 위에서 예로 제시한 문헌들의 시대 폭보다 훨씬 더 길다는 점도 기억할 필요가 있습니다.

　이처럼 매우 다양한 성격의 문헌들을 한 종류의 것으로 바꾸려는 유혹이 심심찮게 있었습니다. 그 다양한 문헌들을 뭉뚱그려 **사실상** 율법이나 역사 시가라고 보는 것입니다. 만약 그 문헌 모두가 율법이라면, 성경은 본질상 규범집이 되고 그 둘레에다 약간의 해설 자료를 덧댄 것이 되어 버립니다. 성경이 모두 역사라면, 유대교와 그리스도교가 어떻게 시작되었는지를 다루는 흥미로운 기록이요 거기에다 필요하다고 생각되는 많은 자료를 덧붙인 책이 됩니다. 만일 성경이 전부 시라면, 여러분은 그 책을 다른 종류의 시가들과 비교해 특별하게 다루어야 할 필요가 없습니다(시가라는 것을 상상이나 펼치고 미사여구나 늘어놓는 것으로 생각하는 사람들이 많은데, 하나님께서 어여삐 보아 주시길!) 현실을 보면 사람들은 성경이 어떤 책인지 잘 안다고 생각하여 서슴없이 책장을 넘겨 버리며, 그 순간 성경은 전혀 다른 책이 되어 버립니다.

> 사람들은 성경이 어떤 책인지 잘 안다고 생각하여 서슴없이 책장을 넘겨 버리며, 그 순간 성경은 전혀 다른 책이 되어 버린다.

하나님은 왜 이처럼 다양한 성격의 문헌들을 우리에게 주셨을까요? 앞서 간략하게 언급했던 것에서 이 물음에 대한 가장 간단한 답을 얻을 수 있을 것 같습니다. 그것들은 하나님께서 여러분에게 들려주기 **원하시는 것**이 무엇인지를 말해 줍니다. 하나님은 여러분이 율법과 역사와 시가를 그 자체로 이해하기 원하십니다. 여러분이 논쟁과 환상을 듣기 원하십니다. 또한 서신들에 귀 기울여 듣고 연대기에 관해 생각하기를 바라십니다. 아주 이른 시절부터 그리스도인들은 앞서 산 유대인이나 동시대의 유대인들처럼 "어떻게 '이것이 주님의 말씀'이요 하나님께서 알리신 뜻이라고 말할 수 있겠는가"의 문제와 씨름해 왔습니다. 그저 표면에 나타난 의미만으로 만족해서는 안 되는데, 표면적 의미들은 하나님께서 여러분이 왜 그것을 듣기 원하시는지 파악하는 데 전혀 도움을 주지 못하기 때문입니다. 그것이 하나님의 말씀일 수는 있겠지만, 여러분이 그것을 아는 것이 하나님께 중요한 이유는 정확히 무엇일까요?

　성경에서 불완전하나 중요한 유비 하나를 들어 살펴보겠습니다. 예수께서는 가르치실 때 그저 율법만을 전달하는 게 아니라 이야기를 들려줍니다. 그분은 날카롭고 극적인 작은 이야기들을 들려주는데 그 이야기들을 소화해서 자신의 것으로 받아들이는 일은 여러분의 몫입니다. 다음으로 여러분은 그 이야기를 들은 결과 무엇이 변했는지 결정해야 합니다. 다양한 목소리들에 귀를 기울이십시오. 사건들의 상호작용을 관찰하고, 비유의 끝에서는 여러분이 현자 어디에 있는가를 밝혀내십시오. 이제 여러분은 처음 시작할 때 있었던 곳과는 다른 곳에 있기 때문입니다. 또 그 이야기에 나오는 다양한 인물들을 살펴서 그 사람들이 여러분에 대해 무엇을 말하고 있는지 찾고자 애써야 합니다. 비유들을 통해 예수께서 계속해서 우리에게 던지는 질문은 "이 이야기에서 너는 누구냐?"입니다. 여러분은 집으로 돌아온 탕자입니까, 아니면 언짢은 채 자기 의로움을 내세우며 문간에 팔짱 끼고 서 있는 맏아들입니까? **당신은 누구입니까?**

　여기서 알 수 있는 사실은, 이야기 전체는 영향을 끼치도록 의도된 것이라는 점입니다. 이야기는 여러분을 끌어들여서 하나님과의 관계에 비추어 여러분 자신에 대해 생각해 보도록 의도된 것입니다. 그렇다고 이야기에 등장하는 사람들이 말한 모든 것을 예수께서 인정한다는 식으로 생각해서는 안 됩니다. 그분이 어찌 그러실 수 있겠습니까? 예수께서 불의한 재판관이라든가 자기 왕국으로 돌아와 원수들을 살육한 폭군에 관한 이야기를 들려줄 때, 그런 일을 해도 좋은 것이라고 말씀하시는 게 아닙니다. 그분은 그런 인물들이 등장하는 이야기를 들려주면서, 결론 부분에서 여러분에게 너는 어느 쪽이며 어떤 사람이냐고 물으시는 것입니다.

그래서 비유를 다룰 때 세부적인 사항을 따로 떼어 파고드는 것은 도움이 되지 않습니다. 전체 상황을 살펴서 여러분에게 주는 의미를 찾아내야 합니다. 이야기가 아직 진행 중인데 결론으로 건너뛰어서는 안 됩니다. 그리고 이런 태도는 성경 전체에 관해 생각할 때도 꽤 도움이 될 듯싶습니다. 성경을 하나님께서 우리에게 말씀하시는 비유 또는 비유 덩어리라고 말해도 될 것 같습니다. 하나님은 이렇게 말씀하십니다. "이것은 사람들이 어떻게 내 말을 듣고 나를 이해하고 내게 응답했는지를 보여주는 이야기다. 이것은 내가 그들에게 준 선물이다. 이것은 그들이 보인 응답이다.……이 이야기에서 너는 어느 쪽이냐?"

> 이야기가 아직 진행 중인데 결론으로 건너뛰어서는 안 된다.

만일 하나님께 대한 이스라엘의 응답이 충격적이거나 용납하기 어렵다고 판단되는 이야기를 성경에서 만나게 된다면, 우리는 결코 하나님께서 그런 식의 응답을 **좋아하신다**는 억지를 부려서는 안 됩니다. 예를 들어, 구약성경을 보면 고대 이스라엘의 많은 사람들은 자기들이 저지른 인종 청소가 분명 하나님의 뜻이라고 생각했습니다. 그들이 차지한 약속의 땅에 전부터 살아오던 사람들을 무자비하게 살육하면서 그것을 하나님의 뜻이라고 보았습니다. 오랜 세월, 아니 수천 년 동안 사람들은 "그것이 곧 하나님께서 인종 학살을 승인하거나 **명령한다**는 뜻인가?"라고 물어 왔습니다. 만약 그 일을 하나님의 뜻이라고 본다면, 성경 이야기 전체가 하나님에 관해 우리에게 가르치는 것과 완전히 상충하게 됩니다. 그러나 이스라엘이 보인 그런 응답을 전체 이야기를 구성하는 작은 부분에 불과한 것이라고 본다면, 그 당시에는 사람들이 이렇게 행하는 것을 하나님의 뜻에 순종하는 한 가지 방법으로 여겼다는 사실을 알게 됩니다. 말하자면, 여러분은 이야기 속에서 하나님의 뜻을 헤아리고 자신을 발견하며 나아가 자신이 선 곳이 어디인지를 물을 수 있어야 합니다. 여러분은 **성경 전체에 비추어**서 고대 이스라엘 사람들보다 더 신실하게 또는 더 큰 사랑으로 하나님께 응답할 수 있겠습니까?

전체 이야기 듣기

지금껏 사람들이 성경을 이해하여 온 방식에서 발견되는 커다란 오류이자 비극 가운데 하나는, 구약성경에서 사람들이 저지른 일을 "성경 안에 들어 있기 때문에" 옳다고 여기는 태도입니다. 그런 가정 위에서 폭력과 노예제도, 여성 억압과 학대, 동성애자에 대한 심각한 편견이 정당화되었습니다. 그 때문에 오늘날 우리가 그리스도인으로서 악이라고 간주해야만 하는 일까지도 정당화되었습니다. 하지만 그런 일들이 성경 속에 존재하는 이유는 하나님께서 그것이 "좋다"고 말씀하시기 때문이 아닙니다. 그런 일들이 성경에 포함된 까닭은 하나님께서 우리에게 이렇게 말씀하시려는 데 있습니다. "너희는 그 일에서 사람들이 어떻게 응답하는지 볼 필요가 있다. 내가 명령하는 것이 사람에 따라서 매우 탁월하게 이루어지기도 하고 극히 잘못될 수도 있음을 알 필요가 있다." 하나님은 이렇게 말씀하십니다. "내가 말하는 것을 듣는다는 게 언제나 쉬운 일만은 아닌데, 그게 인간 됨됨이가 어떠냐에 따라 달라지기 때문이라는 사실을 알아야 한다." 바꿔 말해, 우리는 전체 이야기에서 별것 아닌 작은 부분을 뽑아 그것을 우리 행동을 인도하는 모범으로 삼고자 하는 유혹에 단호히 맞서야 합니다. 그리스도인들은 흔히 그런 잘못된 길로 빠졌으며 그 모양이 썩 아름답지 못했습니다. 오히려 우리는 성경을 예수에 관한 비유라는 관점에서 이해할 필요가 있습니다. 성경 전체는 여러분 자신을 새롭고 좀 더 바르게 크게 하여 새로운 세상으로 이끄는 초청이요, 선물이자 도전입니다.

> 우리는 성경을 예수에 관한 비유라는 관점에서 이해할 필요가 있다.

이렇게 하나님은 우리에게 이야기를 통해 말씀하십니다. 또 직설적인 이야기를 들려주실 뿐만 아니라, 율법과 잠언과 노래들 속에서 사람들이 어떻게 반응했는지 사례를 보여주심으로써 말씀하십니다. 우리는 수천 년 전에 하나님의 말씀이 사람들에게 끼쳤던 영향을 목격함으로써 우리를 향한 그분의 부르심을 듣습니다. 비유들과 성경 전체 사이에는 중요한 차이가 하나 있습니다. 예수의 비유들은 간단하고 동시대적인 이야기들입니다. 또 일상의 여러 상황에서 끌어낸 것들입니다. 비유는 그 당시에 살았던 평범한 사람들의 관계를 산문체 형식으로 다룹니다. 반면에 성경 역사가 다루는 시간은 훨씬 더 폭이 넓습니다. 또 성경은 그저 "여기에 이야기가 있다"고 말하는 데서 끝나지 않고, "여기에 네 이야기가 있다"고 말합니다. 여러분의 삶은 노아와 아브라함, 모세와 함께 시작되었습니다. 여러분의 역사는 그들에게까지 거슬러 올라가 거기서 시작됩니다. 이것이 우리가 말하는 여러분의 과거이며, 성경

이야기에 기록된 그 사람들은 여러분의 가족입니다.

성경 이야기는 역사와 밀접하게 얽혀 있습니다. 그 이야기는 만물이 어떻게 존재하게 되었으며 또 존재하게 된 그것들이 어떻게 지금 여기서 여러분을 그리스도인으로 형성해 가고 있는지 말해 줍니다. 만약 여러분이 아브라함을 만나게 된다면 깜짝 놀라지 않을까 싶습니다. 이를테면 어느 날 하나님께서 그렇게 하기를 원하셔서 먼 과거에 속한 인물, 곧 아브라함의 전설 배후에 있는 그 사람과 우리를 만나게 하시는 것입니다. 그 일은 꽤 큰 충격으로 다가올 것입니다. 그 만남은 문화와 언어가 전혀 다른 먼 나라에 살고 있는 친척을 참으로 오랜만에 만나는 일과 비슷할 듯싶습니다. 하지만 아브라함과의 만남은 호주에서 온 여러분의 육촌 형제를 만나는 일보다 훨씬 더 난감할 것입니다. 이 사람은 유사 이전의 메소포타미아에서 온, 촌수로 따지면 백만촌이나 먼 여러분의 친척입니다. 도대체 이 사람과 어떻게 관계를 터야 할지 모르겠다는 생각이 가장 먼저 떠오를 게 분명합니다. 그러나 성경은 이렇게 말합니다. "이 사람은 네 가족이며, 그의 이야기는 네 이야기의 시작이다. 만약 그가 없었더라면 지금의 너 자신도 존재하지 않았을 것이다. 그러니 그 사람과 친해지도록 하라."

바로 이런 이유에서 역사는 성경 전체에서 중요한 역할을 합니다. 물론 비유가 맡는 역할과는 다른 의미에서 중요합니다. 예수께서 두 아들을 두었던 한 남자에 관한 옛이야기를 들려주는데, 어떤 사람이 손을 번쩍 들고는 "그 사람 어디 살았나요? 그 사람 이름은 뭔가요?"라고 묻는다면 우리는 그를 골칫거리로 여길 것입니다. 그런 질문은 비유를 들을 때 아이들이나 물을 만한 것입니다. 반면에 전체 성경을 다룰 경우, 우리가 말하는 것은 추상적인 사례가 아니라 특정한 시공간 속에서 일어나고 지금 여기 있는 우리에게까지 연결되는 이야기라는 사실이 중요합니다.

이 사실에서 우리는 성경의 역사성이라는 복잡한 문제와 마주합니다. '성경은 엄밀한 역사인가?' 이 문제로 불안해하는 사람들이 적지 않습니다. 예를 들어, 다니엘서에 기록된 바빌론 역사가 다른 학문에서 밝혀낸 바빌론 역사와 일치될 수 있다는 점을 밝히기 위해 많은 책이 저술되었습니다. 이 일에 발휘된 독창성이 참 감탄스럽기는 하지만, 나로서는 그 사람들이 논점을 제대로 다루었다고 생각하지 않습니다. 정말 하나님은 우리가 고대 바빌론 역사를 세부적으로 정확하게 알기 원하실까요? 내가 보기에는 그렇지 않습니다. 하나님께서는, 힘겨운 포로생활에서 핍박을 당하는 소수민족이 불안과 두려움 속에서 적대적인 이교 정부와 권력에 어떻게 대응했는지를 우리가 알기 원하신다는 게 내 판단입니다. 다니엘은 분명 그 사실을 우리에게 말합니다. 다니엘이 들려주는 이야기는 매우 깊고 힘이 있어서 구약성경의 여느 이야기들

못지않게 전체 문화의 상상력 속에 깊숙이 자리 잡게 되었습니다. 사자굴 속의 다니엘 이야기를 모르는 사람은 거의 없을 것입니다.

그렇다면 하나님께서 우리에게 알기 원하시는 것은 무엇일까요? 우리에게 말씀하시려는 것은 무엇일까요? 하나님은 우리에게, 고대 이스라엘의 역사에는 하나님의 백성이 포로생활과 박해의 현실 속에서도 어떻게 하면 믿음을 지킬 수 있는지 고민하고 기도하고 꿈꿨던 때가 있었다는 사실을 알려 주시길 원하십니다. 이에 더해 하나님은 이스라엘 백성이 어떻게 대응했는지 우리가 알기 원하시며, 또 우리 스스로 "이 이야기 속에서 우리는 어느 쪽에 속하는가?"라고 묻기를 바라십니다. 만일 바빌론과 포로생활과 박해라는 사실이 없었더라면 이런 이야기들은 존재하지 않았을 것입니다. 맞습니다. 역사는 중요합니다. 그렇다고 해서 다니엘서에 기록된 벨사살 왕의 통치 시기가 중동 지역의 고고학 탐사로 밝혀낸 사실과 일치하지 않는다는 이유로 여러분의 신앙을 버려도 좋다는 의미는 아닙니다.

다니엘의 연대기는 우리 가운데 갈등을 일으키는 문제들의 대표적인 사례이며, 또 우리가 성경을 연구할 때 상당 부분 상식을 활용할 필요가 있음을 보여줍니다. 역사의 세세한 사실에 집착하기보다는 "하나님께서 우리에게 말씀하시려는 것이 무엇인가?"라는 물음 가운데로 계속 돌아갈 필요가 있습니다. 만일 성경에 기록된 세부 사항들의 절대적인 역사적 엄밀성에 우리의 신앙을 의존한다면, 우리는 성경이 왕실 대관식에서 사용하는 표현대로 "하나님의 살아 있는 계시"를 전해 주는 책이라는 점을 부정하고, 성경을 온갖 종류의 부적절한 질문들에 바른 대답을 주고자 애쓰는 "요술" 책과 같은 것으로 만들어 버리게 됩니다. 성경은 단순히 과거 사건들의 연대기로 기록된 것이 아니라, 지금 우리에게 구원을 위해 알아야 할 것들을 알려 주고 하나님의 뜻을 생생하게 전해 주는 말씀으로 기록된 것입니다.

> 성경은 단순히 과거 사건들의 연대기로 기록된 것이 아니라, 하나님의 뜻을 생생하게 전해 주는 말씀으로 기록된 것이다.

따라서 우리는 역사적 엄밀성에 집착한 나머지 성경이라는 책의 성격을 올바로 파악하지 못하거나, 아니면 역사에 무관심하여 "솔직히 말해서 무슨 일이 일어났느냐는 그리 중요한 게 아니야. 정말 중요한 것은 그것이 좋은 이야기라는 점이지"라고 말하는 태도로 기울지 않고, 그 사이를 신중하게 걸을 필요가 있습니다. 우리가 역사적인 존재들이고, 시간이 흘러감에 따라 배우며, 우리의 과거에 대해 성찰하는 까닭에, 진짜 사람들이 바빌론과 사자에 대해 생각하고 죽음의 위협과 저항의 가능성에 대해 고민했던 역사적 순간이 실제로 있었다는 사실이 중요합니다. 그 일은 그때도 사실이었으며, 지금도 역시 사실입니다.

 이와 동시에, 우리는 신약성경을 다룰 때는 약간 다른 토대 위에 서게 된다는 점을 인정할 필요가 있습니다. 신약성경에서 우리가 다루는 본문들은 거기에 실린 사건들이 발생한 후 곧바로 기록된 것이기 때문입니다. 또 우리가 다루는 복잡한 전승들은 개인의 기억들을 상당수 포함하고 있음이 분명합니다. 우리는 주전 1500년에 발생한 사건을 이야기하는 주전 500년 때의 사람에 관해 말하는 것이 아닙니다. 그와는 달리 우리는 쉽게 헤아리는 것이 가능한 한 평생 정도의 시간에 걸친 일을 다룹니다. 그래서 신약성경에서는 역사적 토대가 매우 중요하다고 말할 수 있습니다. 신약성경에서 우리는 하나님의 말씀이 낳은 충격을 첫 세대(그리고 둘째 세대) 그리스도인들의 기억 속에 간직된 모습으로 만나게 됩니다.

중심이신 그리스도

이렇게 해서 우리는 예수 앞에 서게 됩니다. 하나님의 이야기를 통해 우리가 누구인지 깨닫고 성찰하고 상상하는 것이 매우 타당한 일이겠으나, 그럴 때 과연 어떤 것이 하나님의 이야기에 대한 옳은 해석이고 그른 해석인지 어떻게 판단할 수 있을까요? 진리와 거짓을 구분하는 기준은 무엇일까요? 그리스도인들은 단호하게 예수 그리스도가 그 기준이라고 답합니다. 그리스도인들이 성경을 읽을 때, 예수께서 이야기의 중심이 됩니다. 과거에 일어난 일은 예수 그리스도 안에서 온전한 의미가 드러납니다. 앞으로 일어날 일의 방향도 예수 안에서 결정됩니다. 또

> 그리스도인들이 성경을 읽을 때, 예수께서 이야기의 중심이 된다.

그리스도인들은 유대교 성경의 온전성(이것은 유다인 형제자매들의 경험과 성찰을 매우 신중하고 섬세하게 이해하여 다루어야 할 복잡한 문제입니다)을 훼손하거나 무시하지 않으면서도 유대교 성경 문헌들이 새롭고 깊은 의미를 지향하고 있는 것으로 읽어야 하며, 또 그 의미가 예수의 삶과 죽음과 부활에서 온전히 밝혀진다는 점을 인정할 수 있어야 합니다.

앞서 일하시는 하나님과 응답하는 인간의 일을 기록한 모든 이야기들은 하나의 중심 사실을 축으로 삼습니다. 그 중심이 되는 예수의 이야기에서 우리는 절대적인 순종과 사랑이 어떤 모습인지 보게 됩니다. 여기 이 이야기에서 우리는 하나님을 향한 응답이 참으로 흠 없고 완벽하게 이루어지는 것을 보며, 따라서 그런 응답을 불러내신 하나님의 행위를 온전히 이해하게 됩니다. 예수

의 이야기에서 우리는 하나님의 말씀과 인간의 응답이 완전히 조화되는 것을 봅니다. 성경 전체가 하나님의 말씀하심과 인간의 응답을 기록한 것이라면, 우리는 당연히 그 선명한 중심인 예수의 이야기를 기준으로 삼아 나머지 이야기들을 해석하는 법을 배우게 됩니다. 우리 가운데 살다가 죽었고 죽음에서 다시 일어나 여러분의 교회에 성령을 불어넣으신 예수, 바로 그분에 비추어서 여러분은 성경의 나머지 부분을 읽습니다.

그런데 이 작업은 평생에 걸쳐 배울 일입니다. 다양한 모든 부분들을 중심축에 어떻게 연계시키는지 정확하게 알려 주는 그리스도 중심의 성경 읽기는 여러분이 단번에 완벽하게 손에 쥘 수 있는 것이 아닙니다. 그와는 달리 여러분은 일종의 선순환 과정을 계속 반복합니다. 중심 둘레를 계속 돌면서, 돌 때마다 문제를 새롭게 볼 수 있게 됩니다. "아, **이런** 방식으로 레위기와 에스겔에 나오는 구절들을 예수님과 연결시켜 생생하게 살아나게 하는구나." 그리고 성경을 주석해 온 그리스도교의 장구한 역사 전체는 이런 작업을 계속해서 확장해 온 활동, 곧 성경의 부분들을 그 중심과 연결시키는 활동이라고 말할 수 있겠습니다. 성경을 읽는 독자들도 이런 과정을 거쳐 자신의 목적을 이루게 됩니다. 성경을 깊이 묵상하여 흡수하고, 새로운 방식으로 예수 그리스도와 연결함으로써 뭔가 새롭게 살아나기를 소망합니다.

이처럼 성경 읽기는 예수 안에서 하나님께 귀 기울여 듣는 일입니다. 사실 이것은 그리스도인이라면 어떤 환경에서도 마땅히 해야 하는 일입니다. 성경을 읽을 때 우리는 성령의 인도를 따라 하나님께서 옛 이스라엘 백성과 첫 그리스도교 신자들을 어떻게 대하셨는지 보여주는 이야기 속으로 들어가게 됩니다. 즉 성령께서 여러분을 그 이야기 속으로 인도해 그 이야기를 **여러분 자신의** 이야기로 보게 해주시도록 그분께 맡기는 것입니다. 돌연 고대 근동 지역에서 온 기이하고 이국적인 인물들이 여러분 앞에 서고, 여러분은 그들을 보면서 여러분과 꼭 닮았다는 사실을 깨닫습니다. 여러분은 그들과 닮았고 그들도 여러분과 비슷하다는 것을 확인합니다. 성경 읽기는 그 시대와 현대 사이의 유사점들을 차곡차곡 쌓아 올리는 일이요, 그런 유사점들에 비추어 우리 **자신의** 이야기를 발견하는 일입니다. 또 성경 읽기가 성숙하고 발전할 때면, 하나님께 신실한 응답과 그렇지 못한 응답이 어떤 것인지 예수께 비추어 분별할 수 있게 됩니다. 이 일은 여러분이 그리스도를 성경 읽기의 중심이자 초점으로 삼을 때 일어납니다.

이런 성경 읽기 방식이 21세기에 새롭게 창안된 것이 아니라는 점을 알 필요가 있습니다. 성경 안에도 이미 그 과정이 들어 있습니다. 구약성경에서 사례 하나를 살펴보면, 열왕기서에 이스라엘 왕들과 예언자들 사이에서 빈번하게 벌어진 싸움에 관한 기록

이 나옵니다. 그중에서 가장 극적인 이야기 가운데 하나는 예후가 이스르엘에서 아합 왕의 집안을 학살한 일입니다. 열왕기하에서는 이 이야기를 두고 하나님의 의의 승리라고 묘사합니다. 엄청난 대량학살을 저지른 극악한 예후는 아합 왕과 이세벨의 가족과 친척들뿐만 아니라 그들과 가까이 지내는 사람들을 거의 다 처단합니다. 심지어 그는 이 일을 하도록 예언자 엘리사에게 기름부음을 받기까지 합니다.

마구잡이 살육행위를 기록하고 있는 이 이야기는 분명 심각한 문제가 됩니다. 사람들이 그 문제를 인식하는 데는 20세기에 이르는 그리스도교 시대를 끌어들일 필요가 없었습니다. 예언자 호세아의 책에 따르면 그로부터 몇 세대 후 이스라엘의 한 예언자가 바로 그 사건을 회상하면서, 이스르엘은 승리가 아니라 역사의 수치를 담고 있는 이름이요 또 예후의 잔악한 행위는 벌을 받아 마땅하다고 말하는 것을 볼 수 있기 때문입니다(호 1:4). 무슨 일인가 일어났고 그로 인해 관점이 변하였습니다. 만일 호세아에게 당신이 말한 게 무슨 뜻이냐고 물어본다면, 그는 아마도 다음과 같이 말하지 않을까 싶습니다. "내 선배 예언자들은 자기들이 하나님의 뜻을 행하는 것이라고 절대 확신했다는 생각이 든다. 또 아합 왕 집안의 학정과 우상 숭배는 폐지되어야 마땅한 불행이었다는 게 내 생각이다. **하지만** 인간이 하는 일이 그렇듯이, 하나님께서 이스라엘에게 신실하고 저항하라고 말씀하신 게 분명한데도 사람들은 그 말씀을 변개하여 인간이 저지른 더 혹독한 폭력과 학정을 변명하는 수단으로 삼았다. 그것을 생각하면 눈물을 흘려 마땅하다."

나에게 이 이야기는 구약성경에서 아주 중요한 전환점이 됩니다. 과거를 새롭게 생각하고 그에 대한 인식을 늘리는 것이 가능함을 알게 되었습니다. 자기 백성을 향한 하나님의 한없는 사랑, 그 사랑 때문에 비천해지더라도 결코 사랑을 포기하지 않으시는 하나님의 마음을 감동적으로 기록했던 호세아 예언자. 그가 속한 세상에서 무슨 일인가 일어났으며, 그로 인해 정신이 활짝 열려 하나님에 관해 더욱 깊이 알 수 있게 되었습니다. 바로 그 이야기에서 그리스도인들은 예수 그리스도를 통해 온전히 드러난 하나님의 놀라운 자비를 미리 맛보게 됩니다.

함께 읽기

마지막으로 살펴볼 사항은 이번 장을 시작하면서 간단하게 언급했던 것입니다. 우리는 함께 성경을 읽습니다. 우리가 읽는 성경은 우리보다 앞서 수많은 그리스도인들이 계속 읽어 왔고 또 지금도

> 우리가 읽는 성경은 우리보다 앞서 수많은 그리스도인들이 계속 읽어 온 성경이다.

다른 그리스도인들이 읽고 있는 성경입니다. 그래서 우리는 성경이 우리에게 말하는 것뿐만 아니라 우리 주위 사람들과 과거에 살았던 사람들에게 말하는 것에 대해서도 귀를 기울여 들어야 합니다. 이것이 교회에서 말하는 "전통"의 의미입니다. 여러분은 다른 사람들이 성경을 읽어 온 방식에도 귀를 열어야 합니다. 이것은 오늘날 교회에게 매우 중요한 일입니다. 이를테면 우리는 성경을 읽으면서 서로에게 귀를 기울여 듣습니다. 이 일은 아주 놀라운 경험일 수 있습니다. 1970년대와 80년대를 살았던 많은 사람들의 경우, 예를 들어 출애굽 이야기가 라틴 아메리카의 가난한 공동체에 속한 사람들에게 어떤 의미였는지 확인하는 것은 놀라운 경험이었습니다. 이 외에도 얼마든지 예를 들 수 있습니다.

이렇게 우리는 함께 읽고 함께 듣습니다. 성경을 방에 홀로 앉아 나만 펼쳐 읽는 책이라고 보는 그림을 버리고 다른 식으로 생각할 필요가 있습니다. 그 그림은 이렇습니다. 다양한 사람들로 구성된 회중 앞에서 한 사람이 하나님의 이야기를 전하고, 이어서 모든 사람이 스스로 그리고 서로에게 "이 이야기에서 어떻게 우리의 모습을 알 수 있을까? 이 성경 읽기를 통해 우리는 어떻게 함께 새로워질 수 있을까?"라고 묻습니다. 이런 일이 일어날 때, 성경은 그리스도인의 삶을 보이는 **표징**일 뿐만 아니라 그 삶이 시작되는 **원천**이 됩니다.

3
성찬례

볼지어다. 내가 문 밖에 서서 두드리노니 누구든지 내 음성을 듣고 문을 열면 내가 그에게로 들어가 그와 더불어 먹고 그는 나와 더불어 먹으리라.　　　　　　　　| 요한계시록 3:20

그리스도인들에게 성찬례에 참여하는 일은 자신이 언제나 손님이라는 사실을 인식하며 살아간다는 것을 뜻합니다. 내가 환영받는 사람이요, 필요한 사람이라는 사실을 깨닫게 해줍니다. 이것이 성찬례를 설명하는 방법으로는 가장 간단한 것이겠으나 매우 값진 정의이기도 합니다. 성찬례 안에서 예수 그리스도는 우리에게 "내가 너희 무리를 원한다"고 말씀하십니다.

> 성찬례 안에서 예수 그리스도는 우리에게 "내가 너희 무리를 원한다"고 말씀하신다.

환영의 말

복음서를 읽는 중에 옛날 갈릴리 어디쯤에선가 떠들썩한 소리와 함께 웃고 노래하는 소리가 들리는 듯싶으면, 분명 그 주위 가까운 곳에 나사렛 예수께서 계신 것이라고 판단해도 마땅하겠다는 생각이 듭니다. 예수께서는 가시는 곳마다 교제 동아리를 세웠습니다. 그런데 이 일은 예수에 관해 복음서들에 기록된 사실 가운데서도 가장 특이한 것으로 기억됩니다. 그분의 몇몇 친구조차도 그 일 때문에 당혹스러워한 데서 알 수 있습니다. 차별 없이 관용을 베풀고 부적절한 사람들과 기꺼이 어울렸던 일은 첫 세대 그리스도인들 사이에서도 여전히 껄끄러운 일이어서, 복음서 저자들은 그 문제로 머리를 긁적이고 헛기침을 뱉어야 했습니다. 하지만 그들로서도 그 일을 부정하거나 감춰 버릴 수는 없었습니다. 그 일은 참으로 생생하게 기억에 남았습니다. 예수께서는 사람들을 불러 모았으며, 그분이 가시는 곳마다 잔치가 열리고 사람들은 하나로 결속하였습니다.

복음서들에는 예수와 환대에 관한 이야기가 많이 나오지만, 특히 성찬례와 관련해 매우 중요한 의미를 밝혀 주는 이야기가 하나 있습니다. 그것은 여리고에서 예수와 삭개오가 만나는 이야기로, 누가복음 19장에 나옵니다. 세리 삭개오는 군중 속에 갇혀 앞을 볼 수 없게 되자, 아무도 알아채지 못하기를 바라며 나무 위로 올라갑니다. 나무 아래 도달한 예수께서 걸음을 멈추고 위를 올려다봅니다. 여러분은 그때 많은 사람들의 눈이 위로 쏠리자 나뭇가지에 걸터앉은 세리의 얼굴이 시뻘겋게 변하고, 또 예수께서 그에게 "네 집으로 나를 초대하지 않겠느냐?"라고 말씀하시자 무리가 씩씩거리는 것을 어렵지 않게 그려 볼 수 있습니다.

다시 말해, 예수께서는 환대를 **실천하는** 데서 멈추지 않습니다. 다른 사람들에게서도 환대를 **이끌어 냅니다**. 그분은 자신이 먼저 환영함으로써 다른 사람들도 환영할 수 있도록 길을 엽니다. 복음서들을 보면 환대를 베푸는 예수와 환대를 받아들이는 예수를 멋들어지게 교체하여 기록하고 있는데, 여기서 우리는 성찬례와 관련해 극히 중요한 내용을 배울 수 있습니다. 우리는 예수의 손님들입니다. 그분이 우리를 초대하고 우리 무리와 함께 있기를 원해서 우리가 그 자리에 있습니다. 그와 동시에 우리는 성찬례에서 자유롭게 되어 그분을 우리의 삶으로 초청합니다. 말 그대로 그분을 우리 몸 안에 받아들입니다. 예수의 환영은 우리에게 그분을 향해 우리를 개방할 용기를 줍니다. 그렇게 주고받음, 환영과 수용의 물결은 쉼 없이 앞뒤로 움직입니다. 우리는 환영받으며 환영합니다. 우리는 하나님을 환영하며, 또 전혀

예수의 환영은 우리에게 그분을 향해 우리를 개방할 용기를 준다.

마음에 두지 않았던 우리 이웃을 환영합니다. 이것은 분명 거룩한 성찬례가 담고 있는 놀랍고도 독특한 요소 가운데 하나입니다. 우리는 예수와 그분의 영을 맞아들이며, 그분이 현존하도록 초청합

니다. 그런데 우리가 그럴 수 있는 것은 그분께서 먼저 우리를 초청했기 때문입니다. 예수께서 삭개오를 환영하고 또 우리를 환영하는 데 사용한 방법은 "네 집으로 나를 초대하지 않겠느냐?"라고 말하는 것입니다.

이렇게 서로 환영하고 환영받는 일은 복음서들에서 예수의 사역을 묘사하기 위해 사용한 핵심 방법입니다. 하지만 그것은 예수께서 지녔던 산뜻하고 인격적인 기질에서 끝나지 않습니다. 또 그분의 주된 사역에 곁들여진 장식품, 곧 여분으로 보기 좋게 곁들인 요소도 아닙니다. 그것은 예수께서 공동체를 다시 일으켜 세우기 위해 사용한 구체적이고 실제적인 방법입니다. 이제는 누가 하나님의 진짜 백성일까요? 예수의 초청을 받아들이는 사람입니다. 제의적인 기준을 철저히 지키는 사람이나 경건의 잣대로 따져 높은 점수를 얻는 사람이 아니라, "네 집으로 나를 초대하지 않겠느냐?"라고 하시는 그분의 말씀을 듣고 고개를 끄덕이는 사람입니다. 말 그대로 참 간단한 일입니다. 예수께서 사역하면서 사람들과 함께했던 식사는 공동체를 다시 세우는 일을 시작하는 방법이었고, "하나님의 백성"이라는 말의 의미를 새롭게 생각하도록 기초를 다지는 방법이었습니다.

그런데 예수께서 십자가에서 죽임을 당한 후에 이 일이 처음부터 다시 시작되고 있으며, 이것을 복음서의 부활 이야기들이 중요한 주제도 삼아 증언합니다. 부활이 가르치는 핵심 진리 가운데 하나가 예수께서 전에 하셨던 일을 지금도 하고 계시다는 것인데, 그 일 중 하나가 바로 환대를 베풀고 받는 것입니다. 누가복음에 보면, 예수께서 잠긴 문을 지나 제자들에게 나타나서 두려워 말라고 한 후 가장 먼저 하신 말씀이 "내게 먹을 것을 좀 주지 않겠느냐?"라는 것이었습니다. 삭개오처럼 제자들도 구주의 등장에 깜짝 놀라서는 잠시 일상의 예법을 잊었고, 그 말을 듣고서야 정신을 차리게 되었습니다. 삭개오가 나무에서 내려와 적절한 초대의 말을 찾고자 허둥댔듯이, 미루어 보건대 그 부활의 날에 제자들도 머쓱해하면서 서둘러 찬장 안을 뒤졌고 마침내 좀 오래된 생선 한 토막을 발견했을 것으로 보입니다. "내게 먹을 것을 좀 주지 않겠느냐?" 이 말은 그때 세리에게 했던 말과 똑같은 분위기를 담고 있으며, 또 그때와 동일하게 기적적인 환영을 표현합니다. 부활한 예수께서는 그분께서 언제나 해왔던 일을 하십니다. 이 사실을 통해 우리는, 사도행전에서 사도들이 부활한 예수를 선포하면서 자신들을 가리켜 "죽은 자 가운데서 부활하신 후 그를 모시고 음식을 먹은"(행 10:41) 증인이라고 주장하는 것이 왜 중요한 문제가 되는지 이해할 수 있습니다.

여기서 우리는 예수께서 제자들과 함께 음식을 드신 일이 그분께서 "실제로" 거기에 계셨다는 사실을 단순히 입증하는 것이 아니라는 점을 압니다. 그것은 예수께서 살아생전 새 공동체를 세우기 위해 하셨던 일을 이제 **부활한** 삶으로 사도들과 함께 다시 행하고 계심을 말하는 것입니다. 세례를 받아(세례는 우리를 예수께서 계신 자리로 이끈다는 점을 기억하십시오) 사도들의 무리에 속하게 된 우리는 예수의 현존 안에서 함께 먹고 마시는 "사도적" 시간에 동참하게 됩니다. 바로 이 때문에 오랜 세월을 이어 오면서 그리스도인들은 사도들이 했던 주장, 곧 자기들은 부활하신 예수와 함께 먹고 마신 사람들이라는 주장을 그대로 받아 말할 수 있었습니다.

만약 우리가 부활을 믿지 않는다면, 성찬례는 완전히 무의미하게 됩니다. 부활이 없으면 성찬례는 그저 다락방에 모여 좀 슬프기도 하고 감동적이었던 일을 회상하며 나누는 기념 식사가 되어 버립니다. 전해지는 말에 의하면, 빅토리아 여왕은 부활절에 성찬례에 참석하는 일을 좋아하지 않았는데, 왜 사람들이 그렇게 슬픈 예식으로 기쁨 가득한 날을 방해하는지 이해할 수 없다는 게 그 이유였다고 합니다. 성찬례를 거행하는 방식에는 일부분 침울한 분위기가 섞여 있는 게 사실입니다 (조금 뒤에 왜 그런 지적이 부분적으로나마 옳은지 살펴볼 것입니다).

> 만약 우리가 부활을 믿지 않는다면, 성찬례는 완전히 무의미하게 된다.

하지만 사도들이 시작했던 곳을 우리의 출발점으로 삼아야 합니다. 즉 죽음에서 다시 살아난 예수와 함께 먹고 마시면서, 그분에게서 새로 하나 된 삶을 살고 새로운 친교와 연대를 이루고 기꺼이 환영을 베푸는 사람이 되라는 부름을 받는 체험에서 시작해야 합니다.

성찬례를 거행하는 일은 우리가 손님으로 초대받았다는 사실뿐만 아니라 우리에게도 역시 다른 사람을 손님으로 초청할 자유가 허락되었다는 사실을 깨우쳐 줍니다. 우리는 그리스도 안에서 하나님의 환대를 경험하였으며, 그래서 우리의 삶도 환대를 베풀 만큼 자유로워졌습니다. 여러분은 앞에서 세례에 관해 다룰 때 그리스도를 따르는 삶이 어떻게 우리를 가난하고 고난당하는 이웃들 속으로 이끌어 가는지 설명했던 것을 기억할 것입니다. 이제 성찬례에 관해 생각하면서 그 점을 좀 더 풍성하게 다듬을 수 있겠습니다. 예수를 가까이 따르는 일은 예수께서 지닌 **초청하는** 자유를 공유하는 것입니다. 그래서 우리의 삶과 공동체를 자유롭게 내어놓아 연대와 교제가 간절히 필요한 사람들을 기꺼이 환영하는 자리로 만듭니다. 우리는 성찬례를 함께 나눔으로써, 지금도 계속되는 예수의 다리 놓는 사역에 참여합니다. 예수께서는 인간의 이기적이고 게으르며 두려워하는 습성에서 생겨난 하나님과 인간 사이의 그렁에다 다리를 놓는 크고 중요한 과업을 이루셨으며, 또 그 과업에 비추어서 동일한 능력으로 인간들 사이의 구렁에다 다리를 놓고 그들을 함께하는 삶으로 인도합니다.

은혜로운 하나님

그러면 성찬례의 토대가 된 원래의 사건은 어떠할까요? 누가복음의 기록에 의하면, 예수께서는 제자들과 마지막으로 음식을 나누시며 그들에게 "이를 행하여 나를 기념하라"고 지시했습니다(눅 22:19). 예수께서 최후의 만찬에서 제자들에게 떼어진 떡과 부어진 포도주를 가리켜 장차 십자가에서 찢기고 쏟게 될 자기의 몸과 피라고 말씀하셨을 때, 사실 그분은 "내게 일어날 그 일, 곧 내가 감당해야 할 고난과 죽음, 몸이 찢기고 피를 흘려야 할 그 일은 하나님의 환영과 자비를 나타내는 결정적이고 완벽한 표징이다"라고 말씀하신 것입니다. 그것은 최악의 비극과 불행이 아니라, 아버지의 환영을 향해 열린 문입니다. 이 말은 세족 목요일에 다락방에서 예수께서 하시는 말씀이며, 또 우리가 성찬례 자리에 모여 그분의 죽음을 기억하고 부활을 증언하며 그분의 다시 오심을 기대할 때마다 그분께서 하시는 말씀입니다. 우리가 만일 "최후의 만찬"을 침울하고 어두운 사건으로만 회상한다면 예수께서 실제로 말씀하시고 행하신 것, 그래서 우리를 십자가와 부활의 신비로 이끌어 가는 것이 무엇인지 망각하는 것입니다.

20세기의 뛰어난 로마 가톨릭 저술가이자 대수회 회원인 모리스 드 라 따이유(Maurice de la Taille)는, 최후의 만찬에서 예수께서 "자신을 표징으로 세우신다"고 말했습니다. 예수께서는 자기의 몸과 피와 동일시된 떡과 포도주가 성금요일과 부활절에 발생한 세계 변혁적 사건들을 가리키는 표징이며, 그래서 미래의 표징 곧 하나님의 미래와 약속을 나타내는 표징이라고 선언합니다. 떼어진 떡과 부어진 포도주, 곧 찢긴 몸과 흘린 피와 동일시함으로써 예수께서는 곧 닥치게 될 그 죽음이 희망을 여는 문이 된다고 말합니다. 죽음의 그늘이 짙게 드리운 겟세마네 동산에 오르기 전인 그때, 예수께서는 자신의 죽음을 생생하고 분명하게 예감하면서 **감사기도를 드립니다**. 그렇게 해서 자신의 경험을 하나님의 현실과 연결합니다. 이것이 감사드릴 때 이루어지는 일이기 때문입니다. 하나님께 감사드리는 것은 우리의 경험을 은혜로운 하나님께 연결하는 일입니다. 우리에게 일어난 일이 어떤 식으로든 하나님의 선물에서 비롯된 것임을 인정합니다. 그리고 예수께서 몸이 찢기고 피를 흘리기 직전에 감사드린 일은 이를테면 인간 경험이 펼쳐지는 흑암의 자리를 은혜로운 하나님께 연결한 것이요, 또 그렇게 어두운 곳에서도 하나님은 계속 은혜를 베푸시며, 따라서 우리는 감사드리기를 멈추지 말아야 한다고 가르친 것이라고 볼 수 있습니다. 이런 이유에서 "감사"를 뜻하는 그리스어 유카리스티아(eucharistia)가 그리스도인들이 모여서 성찬례를 행하는 일을 가리키는 이름으로 가장 먼저 사용되고 널리 퍼지게 되었습니다. 그리스도인들은 깊은 어둠을 경험하는 중에도 감사기도를 드리기 위해 모였습니다.

그래서 주님의 현존 안에서 떡과 포도주를 놓고 감사기도 드릴 때 우리는 (그분 안에서 그분과 함께) 세상과 하나님을 연결하고, 인간의 경험과 영원하고 거룩하신 하나님을 연결합니다. 그리고 이 일은 우리가 주위 세상을 다른 눈으로 보기 시작한다는 것을 뜻합니다. 만일 경험의 모든 영역에서 여전히 은혜로운 하나님께서 일하고 계시다면, 우리가 보고 만지는 모든 대상과 마주치는 모든 상황 속에는 은혜로운 하나님께서 현존하시며, 우리의 반응도 이 사실에 의해 결정됩니다. 이러한 까닭에 거룩한 성찬례에서 이루어지는 일을 진지하게 받아들이는 것은 이 세상 전체의 물적 질서를 진지하게 받아들이는 것입니다. 이것은 모든 것을 **성사**(성례전)**적으로** 본다는 의미입니다. 예수께서 돌아가시기 전날 밤에 떡과 포도주를 놓고 감사기도를 드림으로써 하나님께로부터 가장 멀리 떨어진 고난과 죽음의 자리를 은혜로운 아버지와 연결하고 또 자기의 인격을 통해 그런 연결을 성취했기에, 우리는 어떠한 형편에 있든지 하나님께 견결될 수 있습니다. 모든 장소와 사람과 사물들에는 미처 생각지 못했던 성사적 심연이 깃들어 있습니다. 그 모든 것들은 은혜로운 하나님께로 열려 있습니다.

> 모든 장소와 사람과 사물들에는 미처 생각지 못했던 성사적 심연이 깃들어 있다.

그래서 많은 그리스도인들이 성찬례에 관해 숙고하다가 우리에게 주어진 환경에 대한 그리스도인의 태도가 어떠해야 할지 깨닫는 경험을 합니다. 우리는 모든 순간과 물질의 안과 배후와 그 심연에 은혜로운 하나님이 계신 것을 인정하는 태도로 세상 속에서 살고 있을까요? 그렇지 않습니다. 우리는 시간 대부분을 그렇게 살지 않습니다. 우리는 표층에서 살며, 우리 다음에 드는 것과 우리 목적에 도움이 되는 것들만 봅니다. 사물들은 고유한 깊이와 온전성을 지니지 못하며, 단지 우리가 착취하고 남용할 대상으로 존재하는 것이라고 생각합니다. 성찬례의 떡과 포도주를 귀하게 여기는 마음에서 전처 세상을 귀하게 여기고, 또 매 순간마다 그 이면에서 하나님께서 나눠 주신 영광이 약동하고 있음을 긍정하는 태도가 생겨납니다.

바로 이런 이유에서 떡과 포도주를 귀하게 여기는 마음은 그리스도교 역사에서 논쟁거리가 된 때도 있으나, 직관적으로 옳은 일이며 그리스도인들이 마땅히 지녀할 태도로 생각되어 왔습니다. 그래서 성공회 기도서에서는 영성체가 끝나고 남은 것을 경건한 마음으로 먹어야 한다고 지시합니다. 떡과 포도주는 이 세상에 속한 것이면서도 하나님의 능력과 사랑을 전달하는 것으로 인정되어 왔습니다. 그것을 헛되이 버려서는 안 됩니다. 성별된 물질을 소중히 여기는 이런 전통을 여러분의 마음에 담아 둘 필요가 있습니다. 여기서 우리는 떡과 포도주라는 물질로 이루어진 음식을 진지하게 여기는 자세가 하나님께서 지으신 **모든 물질**을 감사하는 마음으로 귀하게 여기는 태도의 출발점이 된다는 사실을 배웁니다. 이렇게 해서 만물에는 정중한 관심을 받고 심지어 관상의 대상이 될 자격이 있음을 인정하는 길이 열립니다.

성찬례는 우리가 사람을 보는 방식뿐만 아니라 사물을 보는 방식도 변화시킵니다. 우리가 세상을 이해하는 방식을 바꾸어 놓으며, 또 앞에서 암시했듯이(우리 이웃을 하나님의 손님으로 보도록 배웠듯이) 우리가 서로를 바라보는 방식도 변하게 합니다. 성찬례는 가난한 사람들에게 환대를 베풀려는 신자들의 마음을 지지하고 강화시켜 줍니다. 또 우리에게 다른 그리스도인들을 향해 눈을 열고 그들도 초대받은 사람이라는 사실을 진심으로 인정하라고 요구합니다. 성찬례에서 경험하는 참으로 놀라운 변혁적 힘 가운데 하나가 이렇게 우리 이웃을 **하나님께서 원하시는 사람**으로 볼 수 있게 하는 것입니다. 하나님께서는 내가 속한 공동체뿐만 아니라 그 사람의 공동체도 원하십니다. 하나님께서 내 공동체와 내가 초청하기로 마음먹은 사람의 공동체만 원하신다면 얼마나 일이 간단하겠습니까? 하지만 하나님께서는 그렇게 특별난 방식으로 일하지 않으십니다. 다른 그리스도인을 하나님께서 원하시는 공동체에 속한 사람으로 인정할 때 생겨나는 변혁의 효과에 대해서는 아직도 그리스도인들 다수가 제대로 파악하지 못하고 있으며, 또 그러기까지는 많은 시간이 필요할 듯싶습니다.

물론 성찬례가 우리의 모든 문제와 논쟁거리를 해결해 주지는 못합니다. 또 그리스도교 일치를 위한 완벽한 전략을 제공해 주지도 못합니다. 하지만 다른 그리스도인을 보면서 "하나님께서 여러분도 사랑해 주시기를 **간절히 구합니다**"라고 말하는 것(그리고 그것으로 끝입니다)과 "하나님께서 당신과 당신이 속한 **공동체를 간절히 원하십니다**"라고 말하는 것에는 큰 차이가 있음을 분명하게 깨닫도록 도와줄 수는 있습니다. 성찬례는 우리가 세상을 보는 방식을 변화시킵니다. 성찬례에서 우리는 새로운 비전이라는 선물을 받습니다. 이것은 하나님의 눈으로 만물을 바라보는(외람된 표현이나 이번만은 이렇게 말하겠습니다) 은사입니다.

정직한 회개

앞에서 나는 성찬례에는 우리가 어쩔 수 없이 받아들여야 하는 침울함이라는 요소가 있다고 말했습니다. 주님의 만찬 자리에서 우리가 마주해야 하는 것 가운데 하나가 우리 자신이기 때문입니다. 최후의 만찬 자리로 거슬러 올라가면, 예수께서 자기를 배신할 자가 누군지 밝히고 계신 것을 보게 됩니다. 또 성공회 기도서와 같은 성찬례 예식 순서들을 보면, "그리스도께서는 **배반당하시던 날 밤에**……"라는 해설이 나옵니다. 우리는 하나님의 손님으로 그 자리에 있습니다. 하나님께서 기꺼이 우리를 그 자리로 초대하시고, 또 우리가 하나 되어 기뻐하는 것을 예수께서 원하시기에 우리는 그곳에 있습니다. 그러나 우리는 또 잠재적인 배신자로 그 자리에 있습니다. 예수께서는 "나를 파는 자의 손이 나와 함께 상 위에 있도다"(눅 22:21)라고 말씀하시고는 떡 한 조각을 적셔서 유다에게 건네줍니다. 그분은 식탁에 둘러앉은 모두를 바라보며 두어 시간 안에 그들이 자기를 부인할 것이라고 경고합니다.

이 일도 역시 성찬례에서 이루어지는 일의 한 부분입니다. 성찬례는 우리에게 정직한 회개의 필요성을 깨우쳐 줍니다. 우리에게도 받은 선물을 잊어버리고 배반할 가능성이 있음을 인정하라는 것입니다. 이렇게 볼 때, 성찬례는 그리스도인이 바른 행동을 실천해서 얻는 보상이 아닙니다. 성찬례란 자기 집착과 교만과 나태에서 비롯되는 굶주림에서 우리를 지켜 내는 데 필요한 음식입니다.

많은 교회에서 성찬례를 "적절한" 준비를 갖추었을 때에야 받을 수 있는 것으로 여긴 때가 있었습니다. 19세기 로마 가톨릭교회에서는 한때 고해신부가 신도의 행동을 합당하다고 인정해 주어야 영성체에 참석할 수 있었습니다. 또 지금도 그리스도교 세계의 많은 지역에서는 성찬례를 "거룩한 사람"을 위한 것이라고 여기는 생각이 퍼져 있습니다. 하지만 지금까지 말한 것에서 알 수 있듯이, 성찬례는 결코 보상의 성격을 지니지 않습니다. 예수 그리스도와 관련된 모든 일이 그렇듯, 성찬례는 값없는 선물입니다. 우리가 성찬을 받는 것은 잘하고 있기 때문이 아니라, 그릇되게 행하고 있기 때문입니다. 목적지에 이르렀기 때문이 아니라, 여행 중에 있기 때문입니다. 옳기 때문이 아니라, 혼란스럽고 잘못되어 있기 때문입니다. 우리가 신처럼 거룩하기 때문이 아니라, 인간이기 때문입니다. 충만하기 때문이 아니라, 굶주리고 있기 때문입니다.

> 우리가 성찬을 받는 것은 잘하고 있기 때문이 아니라, 그릇되게 행하고 있기 때문이다

그래서 자기 깨달음과 회개라는 요소는 거룩한 성찬례에서

이루어지는 일과 성격상 딱 어울립니다. 그 자리에는 언제나 축하와 슬픔, 부활과 십자가가 공존합니다. 또 우리가 그리스도인으로서 함께하는 것도 우리 자신을 기뻐하거나 우리가 얼마나 잘하고 있는지를 축하하기 위해서가 아니라, 언제나 그 자리에 있는 영원한 선물이신 주님을 기뻐하고 나아가 그 선물 때문에 우리에게서 샘솟는 감사를 고백하기 위해서입니다.

또 성찬례는 우리 가운데서 복음 이야기 전체를 재현하는 방법입니다. 여러분은 앞에서 성경에 대해 다룰 때 먼 과거에 속한 성경 인물들을 우리의 가족으로 받아들였던 일을 기억할 것입니다. 성찬례에서는 그 일이 아주 친숙한 모습으로 이루어지고 확연한 물적 형태를 띠고 구현됩니다. 우리는 한 뿌리에서 나온 가족이며, 지금 여기서 한 식탁에 둘러앉은 손님입니다. 거기서 우리는 예수께서 환영을 베풀어 세우는 공동체를 경험하지만, 그곳에 족장들이나 사도들과 함께 앉은 우리는 얼마든지 잊고 배반하고 도망칠 수 있는 사람들이기도 합니다. 우리는 죽음과 배신, 부인과 포기의 현실 속에서도 다시 세워지는 공동체를 경험하도록 부활의 날에 재차 부름받고 새로 초대받은 사람들입니다. 또 우리는 성찬을 받음으로써 온 세상을 새롭게 하는 사명을 받은 사람들입니다. 우리는 인류와 물질세계 전체를 새로운 눈으로 보고, 사람과 만물을 성사적으로 이해하며, 그들 속에 있는 심연을 하나님의 은혜가 항상 일하는 자리로 볼 수 있는 사람들입니다.

변혁하는 성령

이제 우리의 눈이 더욱 활짝 열립니다. 성찬례는 우리 구원하고만 관련된 것이 아닙니다. 우리의 창조와도 관련됩니다. 우리의 힘으로는 결코 갚을 수 없는 크고 영광스러운 빛, 창조자께 진 우리 존재라는 빛과 관련됩니다. 하나님께서 우리를 존재케 하신 것은 우리 무리를 원하셨기 때문입니다. 또 구원이라는 것도 마찬가지로 우리 무리를 짓기 원하시는 하나님의 열망이라는 측면에서 볼 때에야 제대로 된 의미가 드러납니다. 다시 말해, 구원이란 창조하고 변혁하시는 하나님의 영이 우리 무리를 원하는 그 영원한 "갈망" 때문에 다시 한 번 우리에게 생명을 부어 주시는 것입니다. 여기서 영원한 갈망이란 우리를 존재케 해서 채워야 할 하나님의 필요를 뜻하는 게 아니라, 하나님께서 다른 존재들에게 자신을 더욱 많이 나눠 주고 싶어 하시는 관용을 의미합니다

우리가 성찬례에 관해 말하는 모든 것은 그대로 성령의 사역에 관한 설명이 됩니다. 복음서들에서 성령은 하나님의 살아 숨 쉬는 호흡으로, 예수를 살아 움직이게 합니다. 구체적으로 말해, 마

> 우리가 성찬례에 관해 말하는 모든 것은 그대로 성령의 사역에 관한 설명이 된다.

리아의 태에서 예수의 생명이 시작되게 하고, 그분께서 세례를 받을 때 소명을 받아 일어서게 하며, 또 시편의 표현대로 "모든 것을 망각하는" 영역으로 떨어진 죽음에서 다시 살아나게 합니다. 다음으로 예수께서는 이렇게 성령이 부어 준 생명을 자기 사람들에게 나누어 줍니다.

그래서 우리는 성찬례를 거행할 때 성령의 일하심을 기원하고 또 축하하게 됩니다. 떡과 포도주를 받기 직전, 그 중요한 순간에 예수의 기도를 따라 "우리 아버지……"라고 고백합니다. 참으로 귀하고 의미 있는 순간입니다. 성찬대로 나가기에 앞서 짧게 헌신의 고백을 하는 시간이요, 또 극적으로 펼쳐지는 전체 예식에서 최고의 전환이 이루어지는 순간입니다. 우리가 예수의 기도로 기도할 때, 성령이 우리 안에 계시고 일하시기 때문입니다. 이렇게 예배할 때면 성령께서 우리 안에서 예수의 말을 하며, 또 예수께서 그러하신 것처럼 "아빠 아버지"(막 14:36)라고 기도합니다.

그와 동시에 우리는 성찬례 안에서 이루어지는 변혁이 성령의 활동이라는 점을 믿고 인정합니다. 우리는 우리 위, 그리고 떡과 포도주 위로 성령이 임하시기를 구하면서 이렇게 기도합니다. "우리가 여기 예수의 무리와 함께 있습니다. 아버지, 성령을 보내

셔서 이 사람들이 이것을 받을 때에 예수의 생명이 그들에게 충만하게 하소서."

그런데 우리는 성찬례에서 성령께 떡과 포도주를 기적적으로 변화시켜 주기를 구하지 않습니다. 그 대신에 우리는 성령께서 **우리** 모두를 기적적으로 변화시켜서 이 선물을 받을 수 있게 하시고, 그 결과 밖으로 나가 "성령의 능력을 힘입어 하나님을 찬양하며 그 영광을 위해 살기" 되기를 구합니다. 우리 가운데 언제나 예수가 살아 있게 하는 성령은 이렇게 성찬례 안에서 특별하게 역사하여 성찬례를 영적 변혁의 도구가 되게 합니다. 그래서 우리는 만찬 식탁을 떠나 하나님의 능력을 힘입어 세상을 변화시키는 사역에 참여하게 됩니다. 새 빛 안에서 세상을 보고, 새로운 눈으로 인간을 이해하며, 하나님의 목적이 세상 속에서 더욱 풍성하게 열매 맺을 수 있도록 힘을 다해 일합니다.

교회가 늘 성찬례를 이렇게 세상을 변화시키는 방식으로 이해해 온 것은 아닙니다. 하지만 위대한 사상가와 시인들은 끈질기게 그 심연을 꿰뚫어 보면서 성찬례가 하나님의 최종 목적과 행위를 드러낸다는 사실을 밝혀냈습니다. 말하자면 성찬례는 세상 종말의 시작입니다. 성찬례는 분명 우리를 주님의 만찬 식탁으로 인도하지만, 그 자리에서 우리는 성령께서 일하면서 세상의 종말을 앞당기는 것을 봅니다. 성찬례에서 이렇게 변혁이 이루어지는 것을 맛보고 종말에 대한 희망을 경험하며 하나님께서 만물과 만인에게 행하실 일을 예견하지만, 그 모든 것은 장차 만물에게 이루어질 변혁을 희미하게 엿보는 것에 불과합니다. 그러나 이 모든 경험 때문에 성찬례는 그리스도인의 헌신에서 없어서는 안 될 핵심 요소가 됩니다. 또 이런 경험 때문에 성찬례는 세례받은 삶을 보이는 확고하고 적절한 표징이 됩니다. 새 초점과 활력을 얻어 하나님의 궁극적 목적을 향해 나아가는 세계 역사의 새 차원, 곧 새로운 창조를 가리키는 물적 표징이 성찬례이기 때문입니다. 또 이런 경험 때문에 성찬례는 성경을 읽고 듣기에 적합한 자리가 됩니다. 몇몇 현대 그리스도교 사상가들이 주장하듯이, 성찬례는 교회로 하여금 진정한 모습이 되도록 이끕니다. 우리가 하나님의 손님으로 그분의 식탁 둘레에 모이는 그 짧은 시간 동안 교회는 본래의 모습을 회복합니다. 낯선 사람들이 모두 손님이 되어 하나님의 초청에 한마음으로 귀 기울이는 공동체가 이루어집니다.

> 우리가 하나님의 손님으로 그분의 식탁 둘레에 모이는 그 짧은 시간 동안 교회는 본래의 모습을 회복한다.

나는 종종 영성체를 한 후에 크고 작은 회중을 둘러보면서 **"이게 바로 그것이야"**라고 표현할 수밖에 없는 감동을 느끼곤 합니다. 그 순간 사람들은 서로를 올바로 이해하고 세상을 바르게 보며 성령으로 충만해져서, 세상으로 나가 하나님의 일을 행하도록 준비되기 때문입니다. 그 순간은 몇 초 동안의 경험에 불과하지만 분명히 존재합니다. 전에도 일어났고 지금도 계속해서 일어납니다. 그러면 그에 합당한 반응은 무엇일까요? 앞에서 말했듯이, 감사드리는 것입니다. 성찬례는 모든 일에 감사하고 우리가 경험하는 모든 일을 은혜로운 하나님과 연결할 수 있는 힘과 비전을 우리에게 부어 주며, 그렇게 해서 우리 삶의 모든 영역으로 흘러들기 때문입니다.

모든 일에 감사한다는 것은 모든 일을 보면서 "아, 저것은 하나님께서 그렇게 되도록 정하신 일이야"라고 말하고는 어떤 변화도 기대하지 않은 채 눈감아 버리는 것을 뜻하지 않습니다. 또 고난과 공포어 휩쓸린 상황들을 보면서 "저렇게 된 것은 하나님의 뜻이야"라고 말하는 것이 결코 아닙니다. 감사한다는 말은 어떤 상황이나 사람의 내면 깊은 곳을 꿰뚫어 보면서 거기 어딘가에 은혜로운 하나님께서 계심을 인정하고, 나아가 하나님께서 더욱 많은 은혜를 주셔서 새 일을 행하시고 변혁을 이루실 수 있음을 깨닫는 것을 뜻합니다. 또 나 자신을 바꾸고 내 주위 사람과 나를 에워싼 상황을 변화시키고자 씨름할 때, 내가 찾고 또 나 자신을 던져 맞서는 그것이 다름 아닌 숨어 있는 실재, 곧 결코 지치지 않는 하나님이라는 사실을 깨닫게 됩니다.

성찬례에서 우리는 세상의 **중심**에 섭니다. 우리가 선 그곳은 아들이신 그리스도께서 자기의 생명을 성령 안에서 아버지께 드리는 자리입니다. 또 성찬례에서 우리는 이 세상의 **끝**에 섭니다. 그곳에서 우리는 이 세상의 운명이 어떻게 앞당겨져 성취되는지를 봅니다. 우리는 우리 자신과 우리가 속한 세상을 있는 그대로 보고, 그것을 하나님의 심연 안에서 깊이 묵상하며, 하나님과 연관 지어 그것들의 의미를 발견합니다. 그리스도인의 사명은 끈질기게 실재의 그 차원으로 파고들어서, 바로 그 지점에서부터 감사와 회개와 변혁이 솟구쳐 오르게 하도록 노력하는 것입니다. 시편에서는 "생명의 원천이 주께 있사오니"라고 말합니다(시 36:9). 바로 이것이 성찬례 안에서 우리가 마실 물을 얻는 샘입니다.

4
기도

예수께서 한 곳에서 기도하시고 마치시매 제자 중 하나가 여짜오되 주여 요한이 자기 제자들에게 기도를 가르친 것과 같이 우리에게도 가르쳐 주옵소서. 예수께서 이르시되 너희는 기도할 때에 이렇게 하라. 아버지여 이름이 거룩히 여김을 받으시오며 나라가 임하시오며 우리에게 날마다 일용할 양식을 주시옵고 우리가 우리에게 죄 지은 모든 사람을 용서하오니 우리 죄도 사하여 주시옵고 우리를 시험에 들게 하지 마시옵소서 하라. | 누가복음 11:1-4

네 번째이자 마지막으로 살펴볼 "그리스도교 신앙의 핵심 요소"는 기도입니다. 무엇보다도 우리에게 필요한 것이 기도의 **성숙**입니다. 기도가 자란다는 것은 단순히 삶의 한 부분에 효과가 있는 특별난 영적 기술을 손에 쥐는 것을 뜻하지 않습니다. 그것은 사도 바울이 말한 "그리스도의 장성한 분량"에 이르는 것을 말합니다(엡 4:13). 그리스도께서 우리에게 가르쳐 준 인간됨을 향해 자라가는 것입니다. 간단히 말해, 기도가 자라는 것은 그리스도교적 인간성이 무르익는 것입니다.

> 기도가 자라는 것은 그리스도교적 인간성이 무르익는 것이다.

사람들이 예수 그리스도 덕분에 하나님께 다른 방식으로 아뢸 수 있다는 사실을 깨닫게 된 데서 그리스도교의 모든 성찰과 제대로 된 신학이 시작되었다고 볼 수 있습니다. 이처럼 새롭게 기도를 체험한 그리스도인들은 "하나님께 새 방식으로 기도할 수 있는 길을 예수께서 열어 주셨다면, 분명 그분께는 우리가 믿고 살펴야 할 중요한 것이 있겠다"는 생각을 하게 되었습니다. 이렇게 해서 신학이라는 방대한 탐구 작업이 시작되었습니다.

이런 새 기도의 특성은 사도 바울의 로마서 8장과 갈라디아서 4장에서 가장 생생하게 표현됩니다. "하나님이 그 아들의 영을 우리 마음 가운데 보내사 아빠 아버지라 부르게 하셨느니라"(갈 4:6). 우리가 기도하는 새 방식은 하나님을 아버지로 모셔 아뢰는 것인데, 이것이 바로 예수의 영이 하는 일입니다. 이것은 예수께서 돌아가시기 전날 밤에 한 기도에서도 볼 수 있습니다(막 14:36). 그래서 그리스도인들에게 기도한다는 것은, 다른 모든 일에 우선해서 **예수의 기도가 그들 자신 안에서 일어나게 하는 것**입니다. 예수께서 직접 제자들에게 가르쳐 준 기도에서는 이 점을 아주 분명하게 "우리 아버지"라고 표현합니다. 예수께서 계신 곳에 우리도 있으며 예수께서 말씀하시는 것을 우리도 말할 수 있다는 확신을 표명하는 데서부터 기도가 시작됩니다.

어떤 사람들이 기도에 대해 가르치는 것을 보면 흔히 서두에서 "하나님의 임재 안에 서십시오"라고 말합니다. 그러나 나는 "예수께서 계신 곳에 서십시오"라고 말하는 게 훨씬 더 도움이 되지 않을까 생각합니다. 이렇게 말하는 게 참 당돌하고 주제넘기까지 한 것처럼 보이나, 사실은 신약성경이 우리에게 가르치는 것입니다. 예수께서는 우리를 **위해** 하나님께 말하지만, 우리는 **예수 안**에서 하나님께 아룁니다. 우리는 우리가 원하는 것을 구하지만, 그분은 아버지께 아뢰면서 아버지의 사랑 그 심연을 들여다봅니다. 우리가 예수를 좀 더 깊이 이해하고 신앙이 자라 감에 따라, 우리가 기도하는 내용도 점차 예수께서 늘 아버지께 아뢰는 것을 닮아 가게 됩니다. 예수께서는 자신에게 생명을 주신 영원하신 분을 향한 한결같은 사랑으로 기도합니다.

위에서 살펴본 것이 간단하게 정리한 기도의 성격입니다. 다시 말해, 기도란 예수께서 여러분 안에서 기도하도록 맡기는 것이요, 우리의 이기적인 생각과 이상과 희망을 점차 그분의 영원한 사역에 일치시켜 가는 길고도 때로는 힘겨운 과정을 시작하는 것입니다. 말하자면, 살아생전에 그리고 돌아가시기 전날 밤 고통과 고뇌가 극에 달했던 그 순간에도 **자신의** 인간적인 두려움과 희망, 열망, 감정들을 아버지를 향한 사랑으로 감당하고 아버지와의 영원한 관계 안에 품었던 예수를 본받는 것이 기도입니다.

그러므로 예수께서 기도를 가르치면서 그분이 계신 곳에, 곧 "우리 아버지"께 우리도 있다는 사실을 확언하는 말로 시작하는 것은 결코 놀랄 일이 아닙니다. 뒤이어 나오는 모든 가르침은 이러한 관계에 비추어 이해됩니다. 또 주님의 기도는 하나님께 온전히 드러나는 세상이라는 비전으로 시작합니다. "나라가 임하시

> 예수께서는 기도를 가르치면서 그분이 계신 곳에 우리도 있다는 사실을 확언하는 말로 시작한다.

오며 뜻이……땅에서도 이루어지이다. 당신(하나님)께서 원하시는 것이 이 세상 곳곳에서 빛나게 하시며, 이 세상을 그 정해진 모습대로 지어 가소서." 우리는 이러한 단언, 곧 하나님의 빛이 두루 비추는 세상을 그리는 일로 시작하고, 그 다음에야 비로소 우리가 필요로 하는 것들을 구합니다. 그러면 우리가 필요로 하는 것은 무엇일까요? 우리에게는 도움과 자비, 보호, 일용할 양식, 용서가 필요합니다. 우리 힘으로는 능히 감당할 수 없는 시험들을 피하기 위해 도움이 필요합니다.

신약성경 시대 이후로 초기 그리스도인들이 기도를 다룬 성찰은 대부분 주님의 기도를 견고한 바탕으로 삼습니다. 제자들은 예수께 "우리에게도 기도를 가르쳐 주옵소서"라고 청했으며, 예수께서는 주님의 기도를 알려 주었습니다. 그래서 주님의 기도는 출발점으로서 딱 어울립니다. 이번 장의 나머지 부분에서는 주님의 기도를 출발점으로 삼아 기도에 관해 가르치고 저술한 초기 그리스도교 저술가 세 사람을 간략하게 살펴볼 것입니다. 그들은 대략 주후 3세기에서 5세기에 살았던 사람들로, 한 사람은 신학자이자 교사이고 다른 한 사람은 주교이며 나머지 한 사람은 수도사입니다.

"우리의 삶 전체가 '우리 아버지'라고 기도한다"
오리게네스

먼저 살펴볼 사람은 신학 교사인 오리게네스(Origen)로, 그는 254년 무렵에 사망했습니다. 오리게네스는 이집트의 알렉산드리아에서 자랐고 지중해 동부의 여러 지역, 그중에도 특히 알렉산드리아와 팔레스타인의 가이사랴에서 가르쳤습니다. 그는 평신도로 지내며 많은 일을 했으며, 마침내 팔레스타인에서 사제 서품을 받았습니다(그가 매우 건전하지 못하다고 생각한 사람들이 이에 맞서 경고하기도 했습니다). 오리게네스는 250년대 큰 박해가 있었을 때 감옥에 갇혔고, 그곳에서 당한 고문과 상처의 후유증으로 사망한 것으로 보입니다. 그는 학자였을 뿐만 아니라 자신의 삶과 죽음으로 십자가를 진 증인이었습니다.

    오리게네스가 기도에 대해 쓴 작은 책은 사실상 그리스도인이 그 주제를 체계적으로 다룬 최초의 저술입니다. 그의 질문 가운데는 여러분도 가끔 품었을 만한 물음이 있습니다. "우리가 구하려는 것이 무엇인지 하나님께서 아신다면 왜 번거롭게 기도해야 하는가?"(3세기 때 이미 그런 질문을 던진 사람이 있었다는 것을 알았으니 여러분 마음이 한결 가벼워졌을 것입니다) 오리게네스는 누군가가 내놓았을 법한 훌륭한 답을 제시합니다. 하나님께서는 우리가 말하고 행하려는 것이 무엇인지 당연히 아시지만, 우리가 그리하기로 결심한 것들을 **통해** 당신의 목적을 이루시기로 작정하셨습니다. 그래서 하나님께서는 어떤 일을 일으키거나 치유나 화해를 이루거나 세상을 좀 더 나은 곳으로 바꾸려고 하실 경우, 여러분의 기도가 그 일을 일으키는 일련의 원인에 포함되도록 선택하십니다. 그러니 여러분은 최선을 다해 기도해야 합니다. 여러분과 여러분의 기도는 하나님께서 큰 목적을 두고 이루어 가시는 일의 한 부분이 되는 까닭입니다.

이것은 꽤 그럴듯한 대답입니다. 우리가 계속해서 무릎을 꿇고 또 열심히 일하도록 하기에 충분한 답입니다. 다시 말해 아주 괜찮은 대답입니다. 또 오리게네스는 어떻게 기도해야 하는가에 대해서도 실제적인 조언을 많이 제시합니다. 예를 들어, 우리가 기도할 때 찬양으로 시작해야 한다고 말합니다. 찬양이란 하나님이 왜 중요한 분인지를 그분께 고백하는 것인데, 그 사실을 아는 것이 하나님께는 아니더라도 우리에게는 필요하기 때문입니다. 그리고 감사로 기도를 끝내야 한다고 말합니다. 또 시편을 근거로 ("저녁과 아침과 정오에 내가 근심하여 탄식하리니"[시 55:17]) 하루에 적어도 세 번을 기도해야 한다고 말합니다.

이 조언들은 아주 간단하고 단순합니다. 하지만 오리게네스가 특별히 주님의 기도에 관해 말하는 곳으로 넘어가면, 깊은 통찰을 담은 큰 보물을 만나게 됩니다. 그는 신약성경 특유의 방식을 따라 우리가 받은 양자의 영을 강조합니다. 우리는 아들과 딸의 자격으로 하나님께 아뢰며, 우리에게서 먼 곳이 아니라 가까이에 계시기로 기꺼이 작정하신 하나님께 기도합니다. 하나님은 우리의 **친구**(그리스어에서 이 말은 우리를 사랑하는 분이라는 의미가 더 강합니다)가 되시기로 작정하셨습니다. 그분은 **진짜**로 우리를 감싸 안으시고 우리에게 아주 가까이 계십니다. 그리스도인의 기도 중심에서는, 하나님은 아주 멀리 계셔서 우리가 그분께 말하기 위해서는 큰소리로 힘껏 외쳐야 한다는 개념이 극복됩니다. 오히려 하나님은 가까운 친구가 되기도 작정하셨고 우리를 당신의 식구로 선택하셨으며, 그래서 우리는 언제나 그러한 바탕 위에서 기도합니다.

> 그리스도인의 기도 중심에서는, 하나님은 아주 멀리 계시다는 개념이 극복된다.

이 점을 염두에 두고 오리게네스는 우리의 기도는 예수**께** 하는 것이 아니라 언제나 예수 **안**에 있다고 가르칩니다. 오늘날처럼 그때도 많은 사람들이 예수를 친구처럼 여겨 대화를 나누는 습관이 있었습니다. 이것이 방법으로는 좋을 수 있겠으나, 신약성경의 가르침에 따르면 기도의 진수는 예수께서 여러분 안에서 기도하고 여러분을 하나님 아버지의 심장으로 이끌어 가도록 하는 것입니다. 예수께서 우리를 향한 사랑 때문에 자신을 비운 것처럼, 우리도 자신을 비웁니다. 우리 머릿속에 가득한 이기적인 욕심과 편협한 관념들을 다 비워 냅니다. 우리 마음과 정신을 깨끗이 치워 빈자리로 만들고, 그곳에 하나님의 사랑이 들어차게 합니다. 그래서 우리가 기도한다는 것은 곧 예수의 뜻과 행위를 품은 사람이 될 수 있다는 것을 의미합니다. 그런데 이것은 오리게네스에 따르면, 우리가 기도할 때 누구나 "제사장"이라는 뜻입니다. 예수께서 세상의 고난과 슬픔을 하나님께로 가져갔듯이, 우리도 기도하고 그분의 행위에 참여함으로써 제사장의 일을 수행하고 이 세상의 고통과 곤경을 하나님의 마음 한가운데로 가져갑니다. 그러므로 우리는 기도할 때 제사장이신 예수의 모습을 지니게 됩니다. 앞에서 우리가 세례를 받아 "제사장의 역할"을 하게 되는 것에 대해 논했던 것을 떠올려 보십시오. 그와 동일한 논점이 여기서도 제시됩니다.

오리게네스는 좀 더 구체적인 조언을 합니다. 여러분은 어디서든지 기도할 수 있으며, 특별한 장소에서만 기도해야 하는 것으로 생각하지 말라고 권합니다. 그렇다고 해서 기도의 형식을 무시해도 된다는 말은 아닙니다. 홀로 있을 곳을 찾아 몸의 평정을 유지하는 것이 **중요**합니다. 흥미로운 사실은, 그의 말이 의미하는 것이 우리가 기도 준비를 할 때 개인적으로 고요하고 평온한 상태를 유지하는 것만을 말하는 것이 아니라는 점입니다. 여러분은 좀 더 깊은 차원의 평안을 회복할 필요가 있습니다. 다시 말해, 기도를 시작하기 전에 다른 사람들과 평화를 이루어야 합니다. 그래서 그는 금식하고 나누어 주며 그에 더해 화해를 이루는 게 중요한데, 이 일은 평안한 기도에 꼭 필요한 요소이기 때문이라고 말합니다. 혹시 여러분 가운데 "오리게네스가 신비적인 관념에 빠진 것이 아닌가"라고 생각하는 사람이 있다면, **기도를 준비하는 일은 다른 사람과 평화를 이루는 것**이라고 한 말을 기억하기 바랍니다. 예수의 말씀대로, "먼저 가서 형제와 화목하고 그 후에 와서 예물을 드리라"는 것입니다(마 5:24). 또 오리게네스는 레위기를 다룬 한 설교에서, 가난한 사람에게 베푸는 관용은 기도를 성결한 것이 되게 하는 한 요소라고 강조합니다.

지금까지 살펴본 모든 내용의 배후에는 오리게네스의 사고가 지닌 복잡한 뼈대가 자리 잡고 있습니다. 그의 긴 저술들에서 흔히 발견되는 그것은 여러분 속을 꽉 채우고 있는 격정과 본능과 욕구들에서 여러분의 영, 곧 여러분의 본질적 자아를 분리시키라는 것입니다. 여러분의 감정과 본능을 사방으로 날뛰게 만들 뿐인 **격정적인** 삶의 모습에서 한 걸음 물러설 필요가 있습니다. 혼란에 빠진 사고와 감정 때문에 여러분의 영이 질식되는 일이 없도록 조심하고 경계해야 합니다.

민수기 본문을 다룬 다른 설교에서, 오리게네스는 이스라엘 백성이 이집트의 노예생활에서 떠난 여행을 상징으로 삼아 우리가 하나님께로 나아가는 여행에 대해 말합니다. 이집트는 유혹의 자리입니다. 성경에 따르면, 이집트는 여러분에게 고기 가마를 베푸는 땅입니다. 그러나 여러분이 이집트의 고기 가마를 포기하고 떠난 이상, 여행은 결코 순조로운 길이 아닙니다. 광야로 들어서고 투쟁의 시기를 지나게 됩니다. 미지의 영역과 불확실한 미래로 들어선 여러분은 선과 악을 구분하는 안목을 길러야 합니다. 비전과 지식을 얻고자 애써야 합니다. 이 모든 게 제대로 이루어지면, 내적 자유는 오리게네스가 "맨정신의 도취"(sober drunkenness)라고 부르는 단계에 이르게 됩니다. 이 단계에서 여러분은 일상에서 지니는 이기적이고 불안하고 방어적인 습성에서 벗어나 "정신 밖에" 있게 됩니다. 여러분의 일상적인 성향과 본능은 사라지며, 그래서 앞으로 발을 뗄 때면 땅을 올바로 딛고 설 수 있을지 전혀 알 수 없게 됩니다. 여러분이 가는 곳이 어딘지 전혀 알 수 없지만, 그곳은 여러분이 전혀 다른 세상에 속한다는 것을 알 만큼 신나고 흥분되는 일이 있는 곳입니다. 이 일에는 긴 시간이 필요하고 사막을 지나는 여행은 여러 해가 걸리지만, 여행의 끝에는 자유가 있습니다.

위에서 살펴본 것을 토대로, 초기 교회에 널리 퍼졌던 기도

학습의 삼중 양식이라는 모델이 등장하였습니다. 여러분은 "실제적인" 삶에서 시작합니다. 그리스도인의 삶에 따르는 일반적인 자기 인식과 상식을 배우고, 스스로 언제 이기적이고 어리석게 되는가를 깨달으며, 그 대신에 더욱 풍성해진 관용을 품고 행동합니다. 이 단계에서 더 나아가 우리를 둘러싼 세상 속에서 하나님을 볼 수 있는 자유에 도달합니다. 우리의 자아와 그 거친 기질을 제어하는 그만큼 더 많이 보게 되고, 세상은 더 실제적이고 아름답게 됩니다. 세상의 질서와 구조를 이해하며, 우리의 마음과 상상력이 확장되어 마침내 세 번째 수준, 곧 오리게네스가 주저하면서 "신학"이라고 부른 단계에 이르게 됩니다(오리게네스는 신학이라는 말을 종교 학문이라는 의미로 사용하지 않습니다). 우리를 에워싼 세상에서 마주치는 것의 강렬함과 명료함에 자극받아 일종의 "어둠 속의 도약"(더 낫게 말해 빛으로의 도약)과 하나님을 향한 도약이 이루어집니다. 미래를 보는 눈이 밝아집니다. 우리의 행동이 점차 세련되어집니다. 신성한 삶이 점진적으로 우리를 변화시킵니다. 그리고 오리게네

> 미래를 보는 눈이 밝아진다. 우리의 행동이 점차 세련되어진다. 신성한 삶이 점진적으로 우리를 변화시킨다.

스가 사용한 문구대로, 우리는 "우리의 삶 전체가 '우리 아버지'라고 기도하는" 상태에 도달하게 됩니다.

"기도는 관계를 치유한다"
니사의 그레고리우스

오리게네스가 활동하던 때로부터 100년쯤 지나서 우리는 그리스어를 사용하는 또 다른 저술가를 만나게 됩니다. 오리게네스가 가르친 내용 일부를 받아들여서 좀 더 새로운 방향으로 발전시킨 인물로, 소아시아 출신의 주교인 니사의 그레고리우스(Gregory of Nyssa)가 바로 그 사람입니다. 그는 그 당시에 매우 중요한 철학자이자 신학자였으며, 그가 남긴 불후의 명저 하나가 주님의 기도에 대한 주석입니다.

그 책의 앞부분에서 그레고리우스가 말하는 내용은 오리게네스가 다룬 주제와 매우 유사합니다. 즉 기도는 갈등과 경쟁을 해결하는 데 중요한 역할을 한다는 것입니다. 사람들이 진지하게 기도하면 화해를 이룰 수 있습니다. 이게 아주 단순한 일 같지만 깊이 생각해 볼 가치가 있습니다. 그레고리우스가 볼 때, 기도는 우리를 천국으로 인도하고 그리스도 안에서 하나님을 직접 뵙게 해주며, 하나님의 영광에 참여해 천사들과 동등하게(아니 더 뛰어나게) 해줍니다. 또 우리는 기도를 통해서 점차 하나님의 권세를 나누어 받게 됩니다. 이게 참 신나는 일인데, 하나님의 권세를 나누어 받는다면 우리도 나가서 기적을 행할 수 있기 때문입니다.

정말 그렇습니다(라고 그레고리우스는 말합니다). 여러분은 나가서 기적을 **행할 수 있습니다**. 여러분의 이웃을 용서하고 재산을 가난한 사람들에게 나누어 주는 것 같은 기적 말입니다. **이런 일을 행하는 것** 자체가 하나님의 권세가 역사하는 방식이기 때문입니다. 그리고 우리에게 하나님의 권세가 부어질 때, 우리의 기도는 자연스럽게 그런 일을 행하는 쪽으로 향하게 됩니다.

그레고리우스는 '우리가 우리에게 죄 지은 자를 사하여 준 것 같이 우리 죄를 사하여 주시옵고'라는 구절, 문자적 의미로 더 정확히 말하면 "우리가 우리에게 죄 지은 자를 **이미 사하여 준 것 같이**"라는 구절이 주님의 기도에서 가장 벅찬 부분이라고 주장한 최초의 저술가입니다. 하나님께 "저의 죄를 용서해 주십시오. 보시다시피, 제가 저에게 죄 지은 사람을 용서했습니다!"라고 말하는 것은 매우 주제넘은 일이 분명합니다. 신약성경에 나오는 빚진 자의 비유에서, 우리는 하나님께서 참 기이하게 보이는 방식으로 대등하게 응답하신다는 사실을 압니다. 하지만 그레고리우스는 하나님의 응답을 매우 대담하고 약간 장난기 섞인 그림으로 설명합니다. 정리하자면, 그는 이렇게 말합니다. "여러분이 자녀에게 뭔가를 가르치려고 할 때 우선은 '자, 아빠(엄마)가 어떻게 하는지 보렴' 하고 말하겠지만, 나중에는 '이제 **네가** 해보겠니? 네가 하는 것을 아빠(엄마)에게 보여주렴' 하고 말하지 않겠는가." 하나님께서도 우리에게 그렇게 하십니다. 하나님께서 먼저 용서하시고 뒤로 물러나 "이제 **네가** 내게 보여주겠느냐?" 하고 말씀하십니다. 그레고리우스에 따르면, 이 말의 의미는 우리가 하나님을 본받는 자로 부름받았다는 것을 넘어서서 하나님도 우리를 본받는 분이 되시라고 요청하는 것입니다. "제가 이미 용서하였으니 저를 용서해 주십시오." 그레고리우스는 이것이 기도에서 가장 어려우면서도 가장 중요한 것이라고 힘주어 말합니다. 그것은 우리가 하나님께서 주시는 자유로 무엇을 해야 하는지 분명하게 보여주기 때문입니다.

앞서 살펴본 사실에서 충분히 예상할 수 있듯이, 그레고리우스는 주님의 기도의 다른 구절에 대해 논하면서 우리가 지나치게 내면으로 치우쳐서는 안 된다고 주장합니다. "오늘 우리에게 일용할 양식을 주시옵고"라는 구절을 생각해 보겠습니다. (그레고리우스는 말하길) 이 구절은 **내가** 필요로 하는 것을 **내 손에** 쥐는 것을 말할까요? 전혀 그렇지 않습니다. 하늘에서 내려 세상에 생명을 주는 떡(요한복음의 표현)은 **모든 사람**을 위한 양식이기 때문입니다. 내가 구하는 것은 모든 사람을 위한 양식입니다. 그리고 (그레고리우스의 말로) "여러분이 배를 채움으로써 굶주리거나 낙심하게 되는 사람이 아무도 없다면" 여러분은 제대로 된 일용할 양식을 받은 것이라고 보아야 합니다. 내가 부유하기 때문에 가난하게 되는 사람이 아무도 없을 때에야 내 일용할 양식을 받는 것이 됩니다. 따라서 화해와 정의를 위해 일하겠다는 결의는 주님의 기도를 실천하는 삶에서 본질 요소가 됩니다.

그레고리우스가 주님의 기도에 관해 설명한 것을 간략하게 "기도는 관계를 치유한다"라는 말로 요약할 수 있습니다. 기도는 화해 및 정의와 관련되며, 또 다른 사람과 이 세상에 대한 여러분의 태도를 어떻게 바꿀 것인가의 문제를 다룹니다. 기도는 사사롭고 편협한 행위가 아닙니다. 기도에서는 여러분이 그리스도의 몸과 인류라는 가족에 **소속됨**을 주제로 다룹니다. 여러분이 기도할 때 어떤 일이 벌어지게 되는지 제대로 간파한다면, 이 세상이 변하게 됩니다. 또 여러분이 기도를 통해 점차 하나님의 뜻과 목적에 일치될 때, 하나님의 권능은 여러분 가운데 임하고 여러분을 통해 이러한 관계의 치유를 이루게 됩니다. 이 말은 여러분이 더 훌륭한 사람이 되기 위해 기도해야 한다거나 그 결과로 화해와 정의가 이루어진다는 뜻이 아닙니다. 여러분이 기도하는 까닭은 **그리스도께서 여러분 안에 계시기 때문입니다**. 그리고 그리스도께서 진정 여러분 안에 계실 때, 여러분 주위로 점차 정의와 화해가 퍼져 나가는 것을 볼 수 있게 됩니다.

또 기도의 핵심 요소와 관련해서, 그레고리우스는 오리게네스와 마찬가지로 기도를 무한한 신비를 향해 끊임없이 성장하고 움직여 나가는 것으로 파악하였습니다. 모세의 삶을 다룬 책에서 그레고리우스는, 하나님과 함께하는 삶을 정의하려고 해도 그 둘레에 울타리를 친다는 의미로는 결코 **어떤** 정의도 내릴 수 없다고 말합니다. 여러분은 끊임없이 앞으로 나아갑니다. 언제나 새롭게 발견해야 할 것이 있습니다. 또 모세가 하나님을 뵙고자 시내 산 정상의 어둠 속으로 올라갔듯이, 이집트를 떠나 광야를 지나서 그 산으로 올라가는 우리의 여행도 지금껏 우리가 지녀 온 하나님 개념들을 완전히 무용지물로 만들어 버리는 어둠 속으로 들어가는 여행입니다. 그리고 그 어둠의 심연에 이르러서야 비로소 우리는 하나님이 어떤 분이신지 파악하거나 이해하는 것이 완전히 불가능하다는 깨달음을 얻게 됩니다.

> 어둠의 심연에 이르러서야 비로소 우리는 하나님이 어떤 분이신지 이해하는 것이 완전히 불가능하다는 깨달음을 얻게 된다.

이것은 선종 불교 신도들이 오랜 시간 역설이나 난문제를 끌어안고 씨름하다가 마침내 그들로서는 결코 풀 수 없다는 것을 아는 그 **순간** 깨달음에 이르게 된다고 말하는 것과 어느 정도 비슷합니다. 그처럼 그레고리우스도 여러분이 어둠 속에 휩싸여 "나는 결코 이것의 정상에 도달할 수 없다"고 인식하는 그 순간, 존재의 심연 속에서 문득 보기를 포기했던 그것 앞에 서 있는 것을 깨닫게 된다고 말합니다. 이것을 가리켜

"황홀경"이라고 말합니다. 물론 이 단어는 우리가 의미하는 바를 정확하게 담아내지는 못합니다. "황홀경"은 문자적으로 "밖에 서다"를 뜻하는데, 여기서는 우리가 하나님과 우리 자신에 관해 사고할 때 사용해 온 통상적인 방법 밖에 서 있다는 것을 의미합니다.

"오 하나님, 속히 저를 구원하소서"
요안네스 카시아누스

세 번째로 살펴볼 인물은 앞서 언급한 두 사람과 같은 전통에 속하면서 서로 다른 많은 세상 사이에 다리를 놓은 사람으로, 요안네스 카시아누스(John Cassian)라는 이름의 수도사입니다. 카시아누스는 수도사가 되고자 러시아 남부에서 이집트로 옮겨 온 것으로 보이며, 5세기 초에 자기 저술 대부분을 썼습니다. 이집트에서 그는 당시에 가장 유명했던 수도원 스승들을 만났으며, 그곳을 떠나 지중해를 건너가 마르세유에 수도원을 세웠습니다. 그는 폭넓은 여행 경험을 통해 동방 그리스도교의 지혜를 알차게 정리하여 서방 그리스도교에 전해 줄 수 있었습니다. 프랑스 남부에 설립된 수도원들은 주로 마르세유에 들어섰습니다. 수도사들은 마르세유와 기타 지중해변 항구들에서 출발해 아일랜드와 콘월, 웨일스 같은 이방 지역으로 여행하였으며 그곳에 수도원을 세웠습니다.

카시아누스는 위대한 이집트 수도사들의 가르침을 간략하고 체계적으로 요약해 서방 그리스도인들에게 전했습니다. 그는 자신의 생각을 "대화"의 형태로 정리해 전달했습니다. 또 단순히 직접 해설하는 방식이 아니라 "극적인" 방법으로 논의를 제시하였습니다. 카시아누스는 사막에서 활동한 작은 수도사 집단이 특정 주제를 놓고 대화한 것을 우리에게 전해 줍니다. 그래서 그 책의 제목이 "대화"를 뜻하기도 하는 『담화집』(Conversations)입니다. 이 책은 경험이 풍부한 사람들이 기도를 주제 삼아 나눈 대화들을 모은 것으로, 그 글들은 지금도 훌륭한 읽을거리로 사랑받고 있습니다. 『담화집』 9편과 10편에는 그가 주님의 기도에 대해 성찰한 내용이 실려 있습니다.

카시아누스는 기도에 대한 논의를 시작하면서 다음과 같이 말합니다. 우리는 기도를 시작하기 전에 자기의식과 감정이라든가 그와 관련된 모든 문제를 잘 다듬을 필요가 있고, 기도에 앞서 "실제" 생활에서도 이미 살펴본 대로 우리의 태도를 살피고 감정들을 길들이고 정의와 관용을 실천하는 것이 필요하며, 또 일상생활의 걱정거리들에 얽매이지 않을 만큼 자유

> 우리는 기도를 시작하기 전에 자기의식을 잘 다듬을 필요가 있다.

롭게 되어, 기도하고자 무릎을 꿇을 때 염려에 막혀 버리는 일이 없도록 준비를 한 후에 기도로 나아가야 한다고 말합니다. 우리의 마음을 깨끗이 비워야 하며, 그런 다음에야 네 겹으로 이루어진 기도의 과정이 시작된다고 카시아누스는 말합니다. 그는 사도 바울이 기도에 사용한 네 가지 단어를 받아들여 각 단어에 약간 다른 의미를 담아 사용합니다. 여러분이 준비 단계를 다 마쳤다면 **간구**로 시작하십시오. 여기서는 여러분이 필요로 하는 것을 하나님께 아룁니다. 그 다음에 **서원**의 단계로 나아갑니다. 카시아누스의 설명에 의하면, 기도란 약속이자 맹세이며, 기도할 때 하나님께 "주께서 나를 위해 거기 계시니, 나 또한 주님을 위해 여기 있으렵니다"라고 말하는 것입니다. 여러분이 확고하게 서원을 하고, 거기 있고 거기 머물겠다는 결의를 분명히 다진 다음에는 **중보**로 나아갑니다. 중보란 그러한 서원에서 솟아나는 사랑의 표지입니다. 그 다음에 **감사**로 이어집니다. 감사란 하나님께서 여러분에게 베푸신 좋은 일들에 고마움을 표하는 것이요, 더 나아가 하나님의 선하심을 맞아들이는 것입니다.

여기서 우리는 오리게네스의 가르침과 어느 정도 유사한 내용을 보게 됩니다. 여러분의 기도는 감사를 향해 나아가는 것이요, 또 감사란 개인적으로 하나님의 선하심을 인정하는 일을 훨씬 넘어서는 행위입니다. 감사를 하나님의 본질 속으로 "흠뻑 잠기는 것"으로 이해할 수 있어야 합니다. 성공회 기도서에서 가르치듯 "주께 감사하오며 그 크신 영광을 찬양합니다"라고 기도합니다. 이러한 기도의 요소들이 하나가 될 때 우리가 성령과 함께 불타오르게 된다고 카시아누스는 말합니다. 그리고 예수로부터 우리는 그처럼 삶 전체가 성령과 함께 불타올랐던 인물을 보게 됩니다.

카시아누스는 주님의 기도에 대하여 설명하면서, 우리는 양자가 된 자녀이며 그런 까닭에 우리의 고향에 열렬한 애정을 품는다고 말합니다. 우리는 그리스도께서 온전히 현존하는 곳에 있기를 원합니다. 그곳이 진정한 의미에서 우리의 고향입니다. 우리는 천국을 향한 갈망을 품고 살아갑니다. 니사의 그레고리우스처럼, 카시아누스도 우리가 죄를 용서하였듯이 우리 죄를 용서해 주시기를 하나님께 청하는 것이 중요하다고 말합니다. 그는 또 사람들이 안고 있는 다른 큰 문제들을 푸는 일도 다룹니다. "우리를 시험에 들게 하지 마시옵고"라고 기도하는 것이 무엇을 뜻합니까? 하나님은 정말 우리를 시험에 **빠뜨리지** 않으실까요? 카시아누스에 의하면, 성경에 나오는 거룩한 사람들도 늘 시험을 겪는 게 사실이지만, 그와는 달리 시험에 **든다**는 것은 시험에 떨어져 전혀 벗어날 길이 없게 되는 것을 말합니다. 우리는 이런 처지에 빠지지 않도록 기도해야 합니다. 하나님께서는 우리가 맞싸울 무기도

갖추지 못한 채 벗어날 구멍도 없는 시험의 구덩이에 들지 않도록 도우십니다. 그리고 이때 그리스도가 언제나 우리의 모범이 되십니다. 그분은 이루 말할 수 없는 압박과 고통 한가운데서도 하나님의 뜻이 이루어지기를 기도합니다. 그리스도께서 시험을 당했으나 무방비 상태로 시험에 들지 않은 것처럼, 우리 또한 그분의 생명이 우리 가운데 강하게 나타나 우리가 패배하지 않도록 도우시기를 기도합니다.

　이러한 기도 과정을 밟아 나갈 때 우리는 적지 않은 감정적 소용돌이에 휘말리는 경험을 하게 됩니다. 그런 소용돌이가 우리를 뒤집어엎습니다. 참회의 눈물과 기쁨의 눈물을 흘리는 경험을 하게 되는데, 우리 안에서 뭔가 일이 벌어지고 그로 인해 전망이 바뀌기 때문입니다. 기도는 점차 **우리가 행하는 일이 아니라 하나님께서 우리 안에서 행하시도록** 맡기는 일로 변해 갑니다. 그렇게 될 때 우리는 당연히 안정감을 잃거나 감정이 요동치고 당황하며 낙심하게 되는 경험을 하게 됩니다. 그러나 놀라지 마십시오! 그렇게 혼란스런 일들이 일어날 때든, 하나님께서 여러분 안에 더 깊숙이 자리 잡기 시작한 것일 확률이 크기 때문입니다.

> 기도는 점차 우리가 행하는 일이 아니라 하나님께서 우리 안에서 행하시도록 맡기는 일로 변해 간다.

117

카시아누스는 "자주 간단하게 기도하라"고 말합니다. 만일 여러분이 너무 조급한 마음으로 세 시간을 들여 집중적으로 관상 기도를 하려고 애쓴다면, 결국에는 경련과 산만한 상태로 끝나고 말 것입니다. 하나님이 아니라 다른 것들에 생각을 빼앗기게 되는 경험을 하게 됩니다. 하지만 카시아누스가 "자주 간단하게"라고 말한 것은 가끔가다 제멋대로 말을 쏟아놓는 것을 뜻하지 않습니다. "자주"라는 말이 중요하며, 그 의미는 "기도를 꾸준히 해서 몸에 배도록 하라"는 것입니다. 또 여러분이 잘하고 있다는 만족감을 채우기 위해 "기도 시간"을 늘리려고 애쓰지 말라는 것을 뜻합니다. 그 대신에 여러분이 지향하는 것은 궁극적으로 예수와 아버지의 관계라는 사실을 기억할 필요가 있습니다. "아버지와 아들, 아들과 아버지 사이의 일치가 우리의 의식과 정신을 가득 채우게 된다"고 그는 말합니다. 이 표현을 눈여겨보십시오. 이 말이 뜻하는 것은, 여러분이 특정 공간에 얽매인 인간으로 살지만 기도가 몸에 배인 까닭에 여러분 주위의 모든 것을 하나님께 비추어 보게 된다는 것입니다.

카시아누스에 관해 언급할 사실로 중요한 것이 하나 더 있습니다. 그는 어떻게 기도에 굳게 뿌리를 내리고 또 사방으로 흩어지려는 우리 마음을 다잡아 세울 것인가에 대해 권면합니다. 우리에게는 공식이 필요합니다. 우리를 이끌어 우리가 속한 곳을 바라보게 하는 단순하면서도 매우 간략한 경구와 같은 것이 필요합니다. 이 공식은 우리가 이른바 "예수 기도"와 연관 짓는 오랜 전통, 특히 동방 그리스도교 세계에서 시작되었습니다. "예수 기도"란 "주 예수 그리스도 하나님의 아들이시여, 이 죄인에게 자비를 베푸소서"라고 반복하는 기도입니다. 그러나 카시아누스는 더 짧은 공식을 제안합니다. "오 하나님, 속히 저를 구원하소서." 이 구절은 성공회 기도서의 아침과 저녁 기도문 서두에 유사한 형태로 등장하며, 또 "여호와여, 속히 나를 도우소서"라고 노래하는 시편 40:13 말씀을 생각나게 합니다. 카시아누스는 이 공식이 우리가 기도해야 할 전부라고 말하고는, 이어서 "그러니 내 말을 믿으라. 여러분도 그렇게 기도할 필요가 있을 것이다"라고 덧붙입니다. 그래서 우리는 마음이 산만해질 때라든가, 기도에 집중하려고 하는데 "이메일을 확인해야 할 텐데"라거나 "가스 불을 켜 놓은 게 아닐까"라는 생각이 들 때면, "오 하나님, 속히 저를 구원하소서"라고 기도하고 기도에 집중해야 합니다. 이 한 구절을 굳게 붙잡는 것으로 여러분이 진중하고 헌신적이며 또 거기 있겠노라고 서원했다는 사실을 분명하게 나타내 보일 수 있습니다.

결국은 기도다

초기 교회의 위대한 세 인물인 오리게네스와 그레고리우스와 카시아누스는 각자 자기 방식으로 주님의 기도에 대해 성찰하고, 기도와 관련해 대다수 그리스도인들이 씨름한 세 가지 본질적인 요소들에 초점을 맞춥니다. 첫째이자 가장 중요한 것은, 기도란 우리 안에서 하나님께서 하시는 일이라는 점입니다. 기도는 하나님께 우리를 좋게 대해 주시기를 구하거나 하나님께서 우리에게 관심을 갖도록 떼쓰는 일이 아닙니다. 기도는 우리의 마음과 정신을 열어 아버지께 "여기 제 안에 주님의 아들이 계시며 성령을 통해 기도하십니다. 부디, 그분의 기도에 귀 기울이소서. 제가 그분께 내 안에서 일하고 행하며 사랑하시기를 구하는 까닭입니다"라고 아뢰는 일입니다.

둘째, 세 사람은 모두 세상에서 의롭게 사는 일과 기도가 밀접하게 연결된다고 보았습니다. 의로운 삶이란 이기심이라든가 타인에 대한 두려움, 미래에 대한 불안, 다른 사람을 희생시켜 성공하고자 하는 욕망 따위에 휘둘리지 않는 성숙한 인간이 되는 것입니다. 기도는 우리 안에서 살아 움직이는 예수의 생명입니다. 그런 까닭에

> 기도는 우리 안에서 살아 움직이는 예수의 생명이다.

화해와 자비, 하나님의 사랑과 환영을 다른 사람들에게 값없이 베푸는 일 같은 인간들의 특정 방식들과 기도가 철저하게 결합된다고 해도 전혀 놀라운 일이 아닙니다.

셋째, 기도할 때 우리에게 필요한 일은 신실하게 최선을 다하며 포기하지 않는 자세입니다. 지금 무슨 일이 진행되는지 확실하게 알지 못할 수도 있습니다. 내 안에서 기도가 깊어질수록 어떤 일이 이루어지는지 더욱 모르게 되기도 합니다. 당황하거나 낙담할 수도 있고, 또 결코 어떤 일도 일어나지 않는다고 끝이라고 느끼게 될지도 모릅니다. 확신이 안 서면 그대로 멈춰 서서, "오 하나님, 속히 저를 구원하소서"라고 기도하십시오. 기도란 여러분을 위해 거기 계시는 하나님을 위해 여러분도 거기 있겠다는 약속이자 맹세입니다. 바로 여기가 그리스도인들이 기도를 시작하고 끝내는 자리입니다.

스터디 가이드
개인 묵상과 그룹 토의를 위한 질문

1장. 세례

1 | 예수께서는 어떻게 하나님의 심연과 인간의 심연 속으로 뛰어들었는가? 또 여러분은 어떻게 그분의 모범을 따르겠는가?

2 | 여러분이나 여러분의 교회는 이웃에 있는 특별한 사람들이나 집단 사이에서 어떻게 중보자나 다리 놓는 자로 일할 수 있겠는가?

3 | 여러분과 하나님 사이에 장애물이나 장막이 가로놓여 있다고 느낀 적이 있는가? 그렇다면, 그런 장애물을 제거하고 다시 하나님께서 오시도록 하는 데 도움이 되었거나 도움이 될 만한 것이 무엇이라고 생각하는가?

2장. 성경

1 | 성경에서 이야기 하나를 선택해 읽으라. 그리고 그 이야기 속에서 여러분이 있는 자리가 어딘지 찾아보라. 여러분은 왜 자신의 모습을 그렇게 이해하게 되었는가? 그리고 그것은 여러분이 그 이야기를 통해 하나님께서 말씀하시는 것을 이해하는 데 어떤 영향을 끼쳤는가?

2 | 여러분은 성경의 이야기 중에서 하나님께서 인간에게 하신 말씀이 아니라 인간이 하나님께 보인 응답을 기록한 예를 들 수 있는가? 그렇다면, 그 응답에 대해 어떻게 설명하겠는가? 또 그 응답이 하나님을 기쁘게 해드린다고 생각하는가, 그렇지 않다고 생각하는가?

3 | 그리스도인이 예수의 삶과 가르침에 비추어서 성경을 읽는 것이 왜 중요한가? 여러분은 예수께서 말씀하시거나 행하신 것이 우리가 성경의 다른 부분을 해석하는 방식에 변화를 가져온 경우를 들 수 있는가?

3장. 성찬례

1 | 여러분은 어떻게 자신이 주님의 식탁에 초대받은 손님이라는 사

실을 확실히 깨닫게 되었는가? 또 여러분이 다른 손님들과 함께 누리는 것은 무엇인가?

2 | 성찬례가 어떤 의미에서 감사의 예식인가? 또 그런 이유는 무엇인가?

3 | 성찬을 받는 것은 어떻게 여러분이 세상을 다른 방식으로 볼 수 있게 도와주는가? 또 그것은 여러분이 그리스도인으로 살아가는 방식에 어떤 차이를 낳는가?

4장. 기도

1 | 기도가 자라는 것은 점점 더 하나님의 뜻에 일치되어 가는 것이다. 그래서 여러분도 예수님처럼 "우리의 삶 전체가 '우리 아버지'라고 기도한다"고 말하는 단계에 이르게 된다. 여러분의 현실을 이 단계로 좀 더 가까이 이끌기 위해 삶의 어떤 부분을 다듬을 필요가 있다고 생각하는가?

2. | 여러분의 삶을 이루는 중요한 관계들에 대해 생각해 보라. 또 넓은 세상 속에서 여러분이 아는 사람들과 집단들 사이의 관계를 생각해 보라. 치유가 필요한 일들이 있는가? 그렇다면, 여러분의 기도는 그런 치유의 과정에 어떤 도움을 줄 수 있겠는가?

3 | 잠시 시간을 내어 마음을 정리하고 침묵과 평안을 유지하라. 여러분 안에 가득 찬 생각과 감정들에서 벗어나라. 서서히 호흡을 낮추고 부드럽게 숨을 쉬면서 [들이쉴 때] "오 하나님," [내쉴 때] "속히 저를 구원하소서"라고 반복해서 기도하라. 아니면 조용히 숨을 쉬면서 내쉴 때 속으로 "주 예수 그리스도 하나님의 아들이시여, 이 죄인에게 자비를 베푸소서"라고 기도하라. 여러분의 호흡과 심장 박동의 흐름이 부드러워질 때까지 그렇게 기도한 후, 여러분이 드릴 나머지 기도를 계속하라.

추천 도서

아래에 소개하는 책들은 다소 어려운 내용도 포함하고 있다. 하지만 전반적으로 일반 독자들이 쉽게 이해할 수 있는 책들이다.

Scott Hahn, *Letter and Spirit: From Written Text to Living Word in the Liturgy*, New York, Doubleday, 2005.

Timothy Radcliffe, *Why Go to Church?: The Drama of the Eucharist*, London, Continuum, 2008.

Alexander Schmemann, *For the Life of the World: Sacraments and Orthodoxy*, Crestwood, New York, St. Vladimir's Seminary Press, 1974. (『세상에 생명을 주는 예배』 복 있는 사람)

Alexander Schmemann, *Of Water and the Spirit: A Liturgical Study of Baptism*, Crestwood, New York, St. Vladimir's Seminary Press, 1974.

Kenneth Stevenson, *Take, Eat: Reflections on the Eucharist*, Norwich, Canterbury Press, 2008.

초기 그리스도교 문헌

St. John Cassian, *Conferences*(esp. 9 and 10), translated by Colm Luibheid, New York/Mahwah, Paulist Press, 1985. (『담화집』 은성)

St. Gregory of Nyssa, *The Lord's Prayer and the Beatitudes*, translated by Hilda Graef, no. 18 in the Ancient Christian Writers series, London, Longman 1954, various reprints.

Origen, "On prayer", in J. E. Oulton and Henry Chadwick(eds), *Alexandrian Christianity*, no. 2 in the Library of Christian Classics, London, SCM Press, 1954, various reprints. (『알렉산드리아 기독교: 클레멘스와 오리게네스』 두란노아카데미)